中式设计

走向新自然主义之道

（天佑唐人）理论与作品系列之一

水峰 曹超 张涛 著

中国建筑工业出版社

图书在版编目（CIP）数据

中式设计：走向新自然主义之道／水峰，曹超，张涛著. —北京：中国建筑工业出版社，2017.1（2019.2重印）
ISBN 978-7-112-20168-6

Ⅰ.①中… Ⅱ.①水…②曹…③张… Ⅲ.①古典建筑－建筑设计－研究－中国 Ⅳ.①TU-092.2

中国版本图书馆CIP数据核字（2016）第308612号

责任编辑：毛士儒
责任校对：李美娜　李欣慰

中式设计：走向新自然主义之道
（天佑唐人）理论与作品系列之一
水峰　曹超　张涛　著
*
中国建筑工业出版社出版、发行（北京海淀三里河路9号）
各地新华书店、建筑书店经销
北京锋尚制版有限公司制版
北京中科印刷有限公司印刷
*
开本：787×1092毫米　1/16　印张：11¼　字数：110千字
2016年12月第一版　2019年2月第三次印刷
定价：37.00元
ISBN 978-7-112-20168-6
（29639）

版权所有　翻印必究
如有印装质量问题，可寄本社退换
（邮政编码　100037）

天佑唐人"理论与作品"系列之（一）
中式设计：走向新自然主义之道

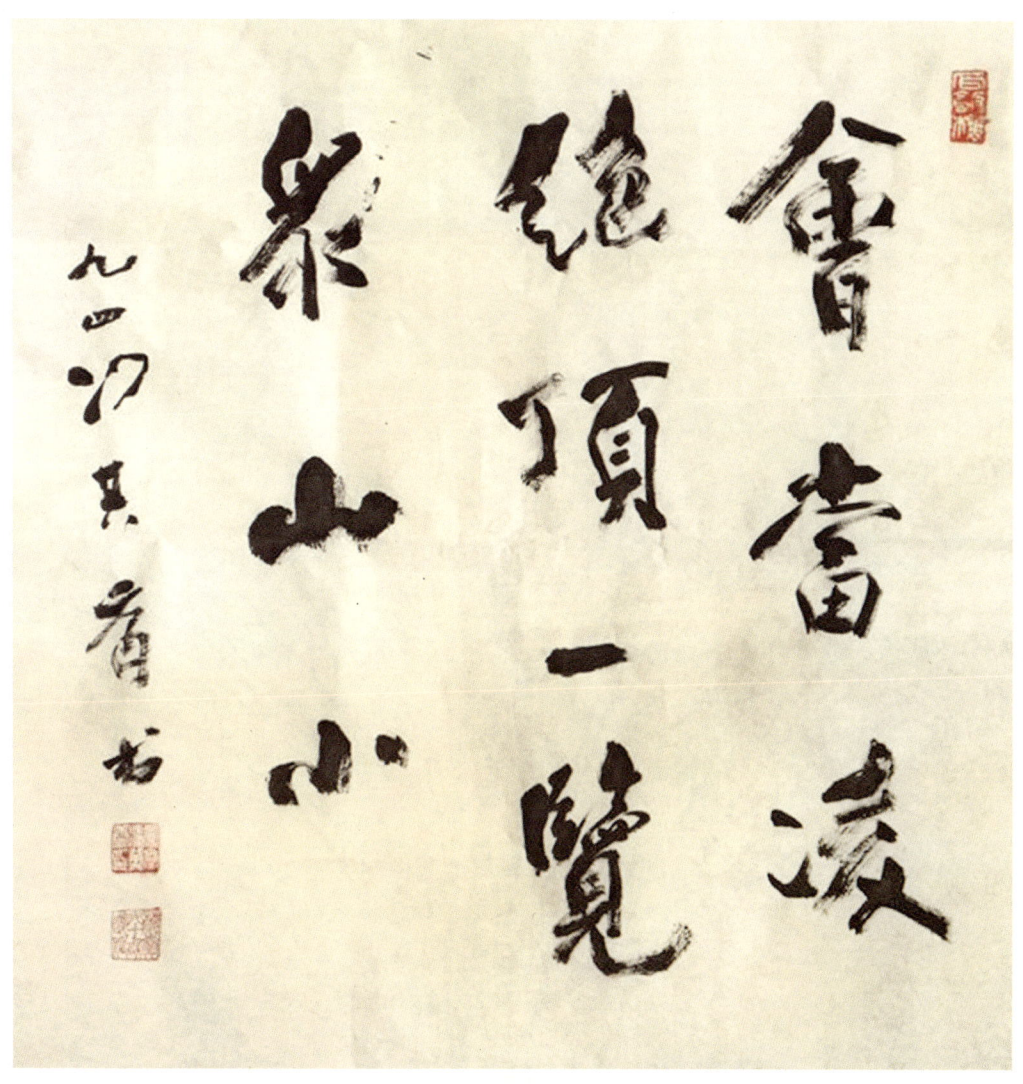

2016年3月10号（农历二月二"龙抬头"日），著名红学家、中国文化史专家，九十四岁高龄的冯其庸先生在翻阅"天佑唐人"中式设计案例图集后欣然提笔："会当凌绝顶一览众山小"。

天佑唐人"理论与作品"系列之（一）
中式设计：走向新自然主义之道

新中国画：《初象》　作者：张涛

引言

开宗明义地,我们认为:在建筑装饰设计领域,高品质的"中式设计"应是一种整体上的自然主义生态设计,即是统合布局下的室内空间合理划用与室外环境和谐融贯的四维活态设计(三维空间+时间中的生命维度),这原本已是中华古学的核心命题"天人合一"在传统建筑文化中的自然展现,今天,新的时代生活更需要我们合理地承续传统文化的优良精神并开放性地、不限地域地推陈出新,碰撞创新——古为今用、外为中用,当是新自然主义中式设计的题中应有之意。

我们提倡、宣扬新自然主义中式设计的思想理念,并不意味着可以孤芳自赏地轻视或恣意臧否同行近业的他者论思——"他山之石,可以攻玉",我们欣欣然于随时随地合理汲取每位真诚学人的思想营养,以期不同而和地齐创共赏"中式设计"理论文化的金枝玉叶。

显然,新自然主义中式设计在事实上只能是蕴象多元的新时代中式设计(新中式)之一种,尽管我们认为并强调新自然主义是一条继承传统、发展传统并开放地吸纳化新、通达天道自然的光明之道!

本书将分4个章节论述、阐明相关内容:

第一章　中式设计概说

第二章　中国自然主义哲学思想探研

第三章　天道自然主义思想在传统建筑文化中的运用展现

第四章　新自然主义之"新"

第五章　案例欣赏及附文

第四章 新自然主义之「新」

第一节 时代生命之新 …… 090

第二节 观念有所更新 …… 091

第三节 作品手法之新 …… 094

第五章 案例欣赏及附文

安徽华能集团办公空间设计 …… 098

车质尚［豪车改装新中式设计方案］ …… 102

繁星戏曲村艺术鉴赏区 …… 106

新中式风格酒店设计案例 …… 108

湖北荆门私人会所全案设计 …… 120

书院设计方案 …… 128

吴中地产［太湖山庄］样板间 …… 141

正源灯饰［新古典体系体验厅］ …… 148

郑州［道厚轩］茶会所设计 …… 156

正源新中式灯饰 …… 164

附文 谈竹论道（张涛） …… 170

目 录

引 言 ……… 005

第一章 中式设计概说 ……… 009
　第一节　设计 ……… 010
　第二节　中式风格 ……… 013
　第三节　中式装修 ……… 018
　第四节　中式设计 ……… 023

第二章 中国自然主义哲学思想探研 ……… 033
　第一节　西方自然主义略述 ……… 034
　第二节　「自然」之涵义 ……… 038
　第三节　中国古代自然主义思想阐释 ……… 042

第三章 天道自然主义思想在传统建筑文化中的运用展现 ……… 067
　第一节　天人合生 ……… 070
　第二节　天人合德 ……… 074
　第三节　天人合美 ……… 077

第一章 中式设计概说

在如今的建筑装饰设计领域尤其是在室内设计中，我们认为"中式设计"可以是"中式风格及中式装修设计"的统称或简称，那么，"中式设计"在内容上自然涵涉中式风格及中式装修，因此在如下对"中式设计"的阐述过程中，当需分别论述中式风格与中式装修等相关内容——但我们首先应当确解何谓"设计"或"设计艺术"。

第一节 设计

古汉语中，"设计"一词最早见于《三国志·魏志》之"密因鸩毒，重相设计"，元杂剧《汉高皇濯足气英布》也有"运筹设计"，皆指筹划计策、设出计谋之意；而现代汉语中"设计"一词通常指"在正式做某项工作之前，根据一定的目的要求，预先制定方法、图样等。"①

通俗而广义地说，所谓"设计"就是一种有目的的创构行为——顾名思义，即是设想和计划：设想其目的，计划便显其过程之安置编排，常指有目的和计划的创作行为、活动。或说，"根据一定的目的和要求所形成的构思和意图，运用符号形象地表现为可视内容，作为造型活动重要阶段的造型计划可称为设计。"②

简言之，我们在此谈论的"设计"，是英文Design一词翻译而来，指人类造物为实现一定的目的而进行的设想、规划、

---

① 资料来源：现代汉语小词典. 北京：商务印书馆.
② 资料来源：刘海滨. 工艺美术词典.

方案等创造性活动，是"精神文明与物质文明的汇合点、交叉点。"①。

然而，"设计"一词作为造物活动之专用词语，其内涵过于广泛，如社区规划、经济规划、科技发展规划以及政府政策方针等各个方面的、几乎涉及到人类行为活动所有方面的决策方案等都可以称作"设计"，因而很难确定具体的内容与范畴；另外，"设计"一语易把造物活动看成是单项因素的作用，难以对造物活动做出结构性的说明，也难以对造物形成过程作整体性解释。考虑到表义的精确与恰适，学者们在此用"艺术"一词加以制约限定，称为"设计艺术"（或者称之为"艺术设计"，两者互证，内涵相同，参见李立新《中国设计艺术史论》绪言部分），的确较为合理，因为第一：从造物角度看来，艺术设计或设计艺术区别于其他设计，诸如政治设计、经济规划设计、战略设计、网络设计、社区设计、营销设计、科学研究设计等不同领域、规模、层次的设计，从而可以合乎逻辑地形成并具有较为明确、独立的属己领域及其内容。第二：从艺术的视角来看，艺术设计或设计艺术既不同于绘画艺术（虽然它们都可以从属造型或视觉艺术），也相异于戏剧艺术、音乐艺术、舞蹈艺术等，而是可以与它们相并列，成为艺术大族中的一员或艺术的一个门类，即是可以作为艺术整体系统中的一个分支系统来建

---

① 叶朗，现代美学体系. 北京. 北京大学出版社，1999. 337.

构。第三：作为一个相对独立的创构系统，艺术设计或设计艺术既是艺术创造，亦含理性科技，关涉精神与物质两大生产领域，兼具审美与实用功能。

因此，我们便可以进一步地对此系统进行相对合理的分疏、划类，并再次强调说明：在实际使用中，"设计"一词只能作为一个简称。

无疑，设计艺术可行划分的类型很多，而划分类型的方式方法并非单一固定。以下根据维基百科提供一个较为基础、常见的分类项目：

1. 环境设计（Environmental Design），可包括建筑设计、室内设计、展示设计、公共艺术设计、景观设计（如园林设计）、舞台设计等。

2. 工业设计（Industrial Design），可包括计算机自动设计、家具设计、产品设计、交通工具设计、文具礼品设计、玩具设计等。

3. 视觉传达设计（Visual Communication Design），可包括广告设计、包装设计、动画设计、网页设计等。

4. 流行时尚设计（Fashion Design），可包括剧装设计、服装设计、珠宝设计等。

很明显，若按上述分类，我们"天佑唐人"的建筑与室内中式设计师们属于环境设计艺术的从业者，但在实践过程中不可避免地需要涉及到其他姊妹行业的艺术设计，是故应该鼓励、提倡增加自身对相近或相关行业经验与知识的积累与修养（有的设计师自身便具有其他相关行业的从业经历，此点对于专业工作颇有益处），"隔行不隔律"嘛！

明确了何谓设计及设计艺术（或艺术设计），并相对确定了从业者相关工作领域，以下便来说一说"中式风格"与"中式装修"。

第二节 中式风格

广义、静止地就字面而言，中式风格（Chinese Style）应是中华古典文明或传统文化相较于世界其他国家、民族而言所独具的特质与风貌。这是一个包罗万象的大话题，是指在几千年长期的历史过程中形成和发展起来并保留在中华民族中具有相对稳定形态的文化特质与精神内核之外化彰显，涵涉思想观念、思维方式、价值取向、道德情怀、生活方式、礼仪规制、风俗习惯、宗教信仰、文学艺术、科学教育等多领域、多层面的丰富内容，是物质成果与精神成果的总和特质之呈现风范。

虽然这些总体特质可以尝试着在理论上进行多向度、多视角的粗线条概括——例如哲学上的天人合一、宗教之三教并立求道拜佛圆融无碍、道德伦理之仁爱重孝、艺术上的重和谐与求意境……等。但在日常生活与文化实践中总是体现为且落实为相对具体的行业领域（例如饮食行业、建筑领域）及其内容与形式，尽管在这不同行业、领域里所表现出的形式特征可以内在地相互关联、牵涉，从而最终又将理想化地回返指向那最为核心的精神原则：和谐之道。（参阅杜道明《通向和谐之路》）

对于"环境设计艺术"行业的从业者及相关读者，"中式风格"便应有所针对地从广义的阐释落位于狭义的理解，即是相对于建筑设计、室内设计等设计艺术与其装修、装饰艺术来进行谈论：

中国古典建筑以优美和谐的轮廓和变化多样的形式而引人入胜。以明、清宫殿为例，其屋面用黄色琉璃瓦覆盖，墙柱用朱红色，基座、廊柱用汉白玉石，檐下部的阴暗部分用青绿等冷色，彩绘以金色龙凤为主，这些色调相互配合，使整体建筑显得金碧辉煌、气势超凡。又如古建中以苏州园林为代表的园林特色十分突出，融合自然景象与人文艺术，往往不仅是历史文化的产物，同时也是传统思想文化的载体——它集花草、虫鱼、山石、池溪、亭台楼榭于一园，利用廊、桥、路、墙等，追求曲折幽深、虚实相参、以有限见出无限的意境美；在园林中的厅堂命名，建筑物上皆有匾额、对联、碑刻，使山光水色、亭台楼阁颇具诗情画意，充溢文化与思想意蕴，可予游伫者非同寻常的宇宙感、哲理感，同时也储存了大量的历史、文化以及科学信息，物质内容与精神内涵颇为深广。

再如以继承北方传统为主的四合院风格：虽说传统民居建筑多数为内院式住宅，但有着南方与北方的功能与形式差异——单从庭院的角度来说，北方的四合院院落舒朗宽敞，东南西北的四面房屋各自独立，彼此间游廊相衔，起居便利；南方住宅庭院一般较小，称之为"天井"，而在庭院（天井）的四个拐角处房屋相连，东南西北四面的房屋（通常大多为楼房）并不独立存在。

正如有论者恰当指出：四合院建筑的规划布局以南北纵轴对称布置和封闭独立的院落为基本特征，形成以家庭院落为中心、房屋邻里为干线、社区地域为平面的网络系统，同时也形成了一个符合人的心理、保持传统文化和邻里融洽关系的居住环境。

可以说这里的专业设计与装饰装修中的传统中式风格是以宫廷建筑、江南粉墙黛瓦以及四合院为典范代表的中国特有之建筑装饰设计艺术风格，其气势恢宏、格调高华：或雕梁画栋、金碧辉煌，或秀隐雅致、古朴自然；造型讲究对称，色彩讲究对比，装饰材料以木材为主，图案多龙、凤、龟、狮等，精雕细琢、奇巧不拘。但传统中式风格的装修造价较高且往往有失繁琐，随着中式设计的不断演变及时代的发展，一种经济且相对简约的中式设计风格已然形成——新中式风格。

传统的中式风格设计融合了庄重与优雅的双重气质。新中式风格更多地利用了现代与后现代手法，把传统的结构形式通过加减法处理，从而以新颖的标志符号出现却依然透射出中华民族文化的精神色彩。例如，中式风格客厅应有内蕴气氛，为了当下生活的舒适愉悦，中式客厅中也常常用到沙发，但颜色的巧设与整体安排仍然体现了中式的古朴自然，中式风格这种表现使整个空间显得在传统中透露着现代气息，现代中辉耀着古典神采。

另则，新中式风格颇为讲究空间的层次感，在需要隔断视线的地方，使用中式屏风或窗棂、中式木门、工艺隔断、简约化的中式"博古架"，通过这种新的分隔方式，单元式住宅就展现出中式家居的层次之美；再以一些简约的造型为基础添加中式元素，使整体空间感觉丰富，阔大而不空洞，浑厚而不滞重，富有格调却不显压抑。

在此我们略为具体的从构成内容来说，室内装饰设计的中式风格主要体现在古典家具、装饰品的摆放布置以及黑、红、绿为主的装饰色彩之运用；室内多采用对称式的布局方式，格调雅致，造型简朴而臻优美，色彩丰富又不失稳重，具体如下：

1. 中式风格的家具搭配以古典家具或现代家具与古典家具相结合，中国古典家具是以明、清家具为代表，在新中式风格家具配饰上多以线条简练的明式家具为主，简约雅致。

2. 中国传统室内装饰艺术的特点是总体布局对称均衡，端正稳健，室内陈设包括字画、匾幅、挂屏、盆景、瓷器、古玩、屏风、博古架等，追求一种修身养性的生活境界，而在装饰细节上崇尚自然情趣，花鸟、鱼虫等精雕细琢，富于变化，体现出传统经典之审美情怀与精神意绪。在现代中式装修风格的住宅中，空间装饰多采用简洁、硬朗的直线条。直线装饰在装修中的使用，不仅反映出现代人追求简明却非简单生活的居住要求，更迎合了中式家居追求内敛、浑朴的设计风格，使中式风格更加实用、更富现代感。在住宅的细节装饰方面，新中式风格很是讲究，往往能在面积较小的住宅中，营造出移步换景的效果。这种装饰手法借鉴古典园林的营造技艺，给空间带来了丰富的视觉效果。在饰品摆放方面，新中式风格是比较自由的，装饰品可以是绿色植物、布艺、装饰画，以及不同样式的灯具等。这些装饰品可以有多种风格，但空间中的主体装饰物还是题材、尺幅合宜的中国画、灯具（当然包括传统样式以及经过当代专业设计师创新研发的新中式灯具。灯具的明亮之意并非止于物理空间的光照与区划功能，尚有更为深挚的精神内涵。"画龙点睛便活，筑庐燃灯则明"[①]）和紫砂陶具等传统饰物。这些装饰物数量并不求多，在空间中却能起到画龙点睛的作用。

3. 总之，这里所谈的中式风格应在整体内容上归结为中国传统文化在现代背景下的演绎，又是在对当代文化的恰当理解基础上的新式设计风格，它不是种种元素的堆砌，而是通过对传统文化的理解和提炼，将现今的时代元素与传统元素相结

---

① 广东佛山"正源"品牌灯具之多系列研发产品，以其构思巧妙别致、造型浑朴清雅成为新中式灯具的佼佼者；读者可于书末"案例欣赏"中的"正源"新中式灯具见其一斑。

合，以现代人的审美需求来打造富有传统韵味的空间，让古典中式韵意在当今社会得以恰适地体现。新中式风格在设计上继承了秦汉、唐宋、明清时期家居理念的精华，将其中的经典元素提炼并加以丰富，同时扬弃或淡化了空间布局中等级、尊卑等不合时宜的思想观念，给传统家居文化注入了新的气息。当今中国风的精神要旨并非完全着意复古，而是通过中式风格的独特征象，表达对清雅含蓄、端庄丰华的东方式精神境界的新追求。

第三节 中式装修

简言之，"中式装修"（及其装修艺术）居于现代建筑行业及环境设计、工业设计领域，虽然它有着自己漫长的历史过程；正如"中式风格"应从传统中式风格与现当代中式风格这两个部分进行理解一样，"中式装修"也可分为传统中式装修与现当代中式装修（或勉强可曰"新中式装修"）来进行谈论。

一、传统中式装修（定义、功能、分类及演变）

在此范域内，"装修"是泛指古建筑营造过程中对建筑不起结构支撑作用的木作装修构件所进行的制作、安装与修整。由于装修制作的技巧和艺术要求很高，在宋代就已从大木作中分化出来，专门从事细微纤巧的木件加工，故在宋代成为小木作。至明、清改称为装修木作——宋代《营造法式》中用了将近全书一半的篇幅论述小木作，并配大量图样；明代晚期的《园冶》、《长物志》都有专门对小木装修与室内装饰的系统论述，而清代的《工程做法则例》则对建筑装修的形式、装修构造、各装修构件的比例尺寸、详细做法以及用工、用料等均作出明确规范。

以木结构为主体的中国古代建筑中，装修占有极重要的地位，其功能主要有三点：第一是实用功能，即分隔室内外空间，满足在采光、通风、保温、安全防护等不同生活环境、效用方面的要求，将室内各不同功用的区域明确化，又颇具灵活地使其互相通连而互不混淆。第二是审美功能，随着建筑技术的发展与质量要求的提高，门窗、栏杆、隔断、天花等构件的艺术加工亦日趋精美，木装修装饰的效果便会重要地影响到建筑物的艺术风格、民族形式及地方特色的形成。第三是礼制规范，因为封建等级制度与尊卑观念不仅体现在建筑形制上，也反应在木装修的形式、装饰题材、色彩及施材用料等方方面面。例如，被作为封建帝王至尊至贵的一种象征性构件的华丽的藻井，一般官邸、衙署绝对不准许采用此种装修。

古代装修按样式可分为官式建筑装修和民间建筑装修两大类。前者是指由工部主持营造或派员督造的官方式样的建筑，是一个时代布局规划最正规、完善、比例制度与结构体系最成熟的一类建筑，反映了当时建筑发展的最高水平；而后者，亦即民间建筑装修以样式丰富和构图相对自由为特点，装修风格多样灵活，较之官式建筑装修有着极大的涵盖面，其较高成就者主要是在江南及岭南地区。例如：江南民间建筑尤其是园林建筑，装修样式繁多，艺精色素，格调高雅。

古代木装修若按构件的位置，又可分为外檐装修与内檐装修两部分。外檐装修是作为室外装饰并用以分隔室内与室外空间，如外门、外窗、栏杆及楣子等。内檐装修只用于室内，作进一步划分空间和装饰之用，根据需要由各类隔断、天花、藻井等构成。

古代装修史的发展沿革，经历了从单纯实用到实用与装饰相结合的发展历程。依附于大木结构的非结构装修形式成熟而发达，主要表现为唐代以前的帐幔装修和唐宋之后的小木装修，后者基本上以前者为渊源，由此形成前后两大阶段的不同特色。所谓帐幔装修，即汉唐时期以织物分隔、限定和装饰室内空间的基本做法，其与其他日常起居家具组合运用，可挂于壁上、悬于顶上、张于架上或包裹梁柱，一旦撤去帷帐装饰，室内便是四面空壁。

汉唐的帐幔装修在宋代之后被小木装修取代，宋代建筑在之前基础上的重大进步便是木装修水平的提高及其在室内外的广泛应用；元代时域外文化以空前规模进入内地，其建筑装修是在宋、辽、金北方建筑基础上吸收了蒙、藏等少数民族的相关成就而发展起来；大明时代崇尚古风追仿唐宋，因而在官式木装修技术上总体承袭宋《营造法式》制度，在小木作加工工艺方面也当力求精致与考究——在继承宋、元木装修风格、工艺技术基础上，明代木装修更加工整和细致，而所采用的花纹也更为丰富多样，线条运用自如得体，风格古雅、质朴、明快；虽然明代与清代初期木装修在技术与制度上前后因袭关系明显，但事随时易，其间变化与不同之处亦渐趋明晰。清代后期装修技术更向繁密华美方向发展，不再拘泥于一般建筑构造规制之限而转向形式美的追求，风格亦更为繁多和细腻[①]。

二、新中式风格之装修与装饰

"新中式"之"新"并非是对中国传统造物文化做系统化、逻辑化的整体更新，而是在理解中国古典与西方现代、后现代文化基础上的当代创构，既体现传统神韵又具备新时代感受——将古典风格与元素恰当地融入现代生活，中式装修便由传统向现今演变，新中式风格之装修艺术亦由此诞生。

中式装修风格无疑不同于西方或其他民族、国家之风格，因每一种装修风格皆有其特定的文化为支撑，以此传递特定文化氛围中人们的物质与精神追求。新中式风格之装修是以中国传统经典文化为背景，于现当下营造富于中国情调的生活追求

---

① 庄裕光，胡石. 中国古代建筑·装修，南京：江苏美术出版社2010：2-4.

亦贴合简约原则，于是乎红木、青花瓷、紫砂茶壶以及其他具有中国传统元素形象的装修构件或装饰工艺品便自然传达出独特芬芳的东方美韵。

我国传统居室非常讲究空间的层次感，这种传统的审美观念在"新中式"装修风格中，又得到了新的诠释：依据住宅使用人数和私密程度的不同需要做出分隔的功能性空间，采用"哑口"或简约化的"博古架"来区分；在需要隔绝视线的地方，则使用中式的屏风或窗棂。通过这种新的分隔方式，单元式住宅就展现出中式家居的层次美感。

在"新中式"装饰风格的住宅装修中，空间装饰多采用简洁、硬朗的直线条，而且有些家庭还会采用具有西方工业设计色彩的板式家具，来搭配中式风格使用。直线装饰在空间中的使用，不仅反映出现代人追求简明生活的居住要求，更迎合了中式家居追求内敛质朴的设计风格，使"新中式"更加实用的富于时代感。

新中式风格装修当然非常讲究住宅的细节装饰，像窗棂、砖雕、门墩等这些传统住宅中的建筑构件，经常被设计师来做局部装饰；主人们也会在空间中摆放不少的装饰品，包括不限品种的绿色植物、布艺、绘画以及不同样式的工艺品等。这些装饰品可以来自世界各地，但空间的主体装饰物还是中国画、灯具和紫砂陶具等中国传统装饰物，以展现中国传统艺术的美感与神韵。

第四节 中式设计

以上简要论述了建筑装饰领域中"设计"、"中式风格"及"中式装修"的基本内容,既然我们已把中式设计大致理解为中式风格与中式装修之设计艺术,那么便可以想见中式风格、中式装修与中式设计三者间的关系是如何紧密地相联互渗:中式风格可以是中式设计与装修实践后所呈现的风貌特质,中式装修则可理解为中式风格设计之后所进行的安装修整工程与落地实践。实际上读者不难鉴出在以上对中式风格与中式装修的行文论述中有相当部分的内容要点是相互关联、融合甚或交互重叠——通过如下对中式设计的进一步阐述,我们将会明了中式风格、中式装修与中式设计实质上构成了建筑装饰领域里中式室内设计之结构性内涵的三位一体,虽说设计自然位居极要。

一、传统中式设计

传统中式的设计思想与传统哲学、宗教及道德伦理关联密切。思维模式上强调整体融合具体的感悟方式,颇受"天人合一"的观念影响,主张和随天道、顺应自然,不欲以人工与自然竞久存,"不求原物长存"(梁思成语),和谐而非抗衡自然。这与古代西方希望建筑物为长垂不朽之坚固纪念物的设计思想颇不相类。传统中式的住宅设计思想强调室内与周围环境融为一体，营构出和谐安宁的居住氛围。传统中式风格的室内设计，在空间布局上受阴阳风水、礼制等级、尊卑观念影响，注重人伦教化；在室内布置、线形、色调以及家具、陈设的造型等方面，吸取了传统装饰美学之"形"与"神"的观念（往往注重"以形传神"）及相应表现手法。

具体来说其室内装饰艺术总体布局对称均衡、端庄稳健，而在装饰细节上崇尚自然情趣，花、鸟、鱼、虫等精雕细刻却富于变化。家具的选择多以明、清样式为主，而家具的陈列与陈设品的布置常采用对称均衡的手法以达稳健、庄重的效果，色彩亦追求柔和自然、素朴雅致，而红、绿、黑又为主要的装饰色彩。传统中式墙面大都采用建筑材料的原色，于木料上漆并绘制彩画装饰；而装饰材料以木材为主，体现出传统木架结构所特有的形式与质地之美。同时需要强调的是，由于木结构框架系统的自身特点使墙基本上不承受上部结构压力，这样就可以随意开窗致使室内外空间容易流通融贯；而传统庭院中的廊实际上是室内建筑空间与室外自然空间的过渡，是建筑体与自然保持和谐统一的桥梁与中介。如此，则人、建筑与自然便和谐一体、周流与共。

以上略述了中式传统设计艺术的总体特点，现在再略说传统室内设计与装饰、装修艺术的构成因素，这些元素是以视觉符号为主的中华传统文化符号展现，内容丰富多彩，是祖先遗留的珍贵遗产，是民族文化观念的物化形式与传播载体，很多具有地域性特征，有其特定内涵与约定俗成的信息传播功能。千百年来它们已为传统建筑装饰装修的设计师们直接使用或依实际需要对其进行合度的加工改造再加以使用。①

（一）家具

主要是明、清家具样式，其造型简练、以线为主，采用卯榫结构，在跨度较大的局部之间，镶以牙板、牙条、圈口、券口、矮老、卡子花等。装饰手法有雕、镂、嵌、描等，用材广泛：珐琅、螺钿、竹、牙、玉、石等；木材用料有紫檀、花梨、鸡翅木、铁力木、红木、乌木、楠木等，其纹理自然优美。

（二）界面与构件

1. 墙面。墙壁大都采用建筑材料的原色，木料一般会上漆并绘上丹青彩画来装饰。梁柱的上半边多用青绿色调，下半部则以红色为主。

2. 天花。多用藻井天棚，一般建在屋顶的中心部位，口径较大，层次很多，结构复杂，如同花罩伞盖一般。历来的藻井结构多采用抹角、交叉叠木的做法；含有五行，以水克火，预防火灾之义，一般都在寺庙佛座上或宫殿的宝座上方；石青、石绿、描金和大红大绿的色彩与藻井的方圆交替，其做法与彩绘表达了传统建筑的独特精髓，它是中国古代建筑的内檐装饰之一，起到重要的装饰作用，兼接落顶上的灰尘和调节室

---

① 资料来源：中国传统文化元素在现代室内设计中的应用。作者．孟婷．

内的温度并防火灾。藻井在明、清时花样、色彩增多，雕镶彩饰更为豪华，增加了室内富丽堂皇的气氛，表现了中国装饰工艺的高度技巧。

3. 雀替。又称为插角或托木，有龙、凤、仙鹤、花鸟、花篮、金蟾等各种形式，雕法则有圆雕、浮雕、透雕。位于梁柱或垂花与寿梁交角上的近三角形木雕构件，其功用可缩短梁净跨的长度、减少梁与柱相接处的剪力，且防止横竖构材间角度的倾斜。雀替从力学上的构件，逐渐发展成美学的构件，就像一对翅膀在柱的上部向两边伸出。

4. 格扇。一般所指中间镶嵌通花格子门，由一个门扇框组成，直的称边梃，横的称抹头。其中分为三部分：①安装透光的通花格子称格眼或花心；②下半部实心木格称裙板；③花心与裙板之间称环板，常见于神龛的两侧。

5. 博古架。又称多宝格，其上布置丰富的吉祥图案，成为博古图。吉祥图案的题材，大多采自中国神话、历史故事等，其纹样有动物、植物、自然、文字、人物、器物等，可由单一题材表意，也可多样题材组合传达完整的含义。

6. 柱子。常雕有各种动物纹样，颜色一般用朱红色。

（三）装饰品：室内陈设包括中式字画、匾幅、挂屏、盆景、瓷器、古玩等。

（四）图案与纹饰：多为龙、凤、龟、狮等具有传统文化象征内涵和吉祥寓意的图案与纹饰。古人常用谐音、典故赋予物品以纳福迎祥、镇恶驱邪、喜庆如意等含义，例如祥云、如意、石榴、年年有鱼、松鹤延年、钟馗捉鬼等。

（五）灯笼：常用纸糊成，有的绘有各种彩画。除了照明与装饰功能，灯笼还有许多丰富的象征意义，例如前景光明、吉祥喜庆、人丁兴旺、薪火相传、团圆美满等。因此，灯笼与国人生活息息相连，庙宇、客厅皆应有灯。传统灯笼从种类上有官灯、纱灯、吊灯等；从造型上分，有人物、山水、花鸟、龙凤、鱼虫、书法等，它们综合了书画、剪纸、纸扎、刺缝等工艺，是中式设计的重要传统元素。[①]

而一些较为具体的中国传统风格元素可按如下的尝试性分类进行列举：

1. 民俗类：京剧脸谱、皮影、剪纸、风筝、门神、对联、年画、舞狮、绣花球、虎头鞋、泥人等。

2. 人文类：中国书法、中国结、武术、桃花扇、景泰蓝、玉雕、中国漆器、红灯笼（官灯、纱灯）、木版水印、茶、中药、文房四宝、线装书、观音手、中国乐器、瓷器、青铜器、中国画、敦煌壁画、兵马俑、元宝、如意、长命锁、丝绸以及中国古代的钱币等。

3. 纺织品类：唐装、帝王的皇冠、中国织绣、旗袍、肚兜等。

---

① 资料来源：如何将中国传统元素融入现代室内设计。作者. 王文娣.

4. 建筑及装饰构件类：长城、华表、牌坊、秦砖汉瓦、石狮等。

5. 装饰纹样类：太极、八卦、河图洛书意符、龙凤纹、饕餮纹、如意纹、雷纹、回纹、十二生肖、祥云图案等。

最后，提供一张传统建筑之内里空间构成简表，[①]以便读者作总体上的综合参考。

二、现当代中式设计或"新中式"设计

要言之，新中式风格的设计也如传统中式一样，不是纯粹的元素堆砌，而是通过对传统文化的认知与领悟，将现代元素和传统元素恰当地结合在一起，以现代人的审美与生活需求来打造富有传统韵味的新设计，表达了对清雅含蓄、端庄和谐的审美情怀与精神境界的新追求。而中式风格结合各种前卫的、现代的元素进行混搭，也令过往感觉严肃的传统风格变得更加赏心悦目：局部采用纯中式处理，整体设计比较简洁，选材更加广泛，合理搭配时尚，效果比纯中式的古典风格更加清爽、休闲，既彰显文化底蕴，又有现代温馨舒适的生活气息。

新中式风格设计在古代经典元素提炼的基础上加入了现代

---

① 侯幼彬. 中国建筑美学. 哈尔滨：黑龙江科技出版社. P53.

第一章 中式设计概说

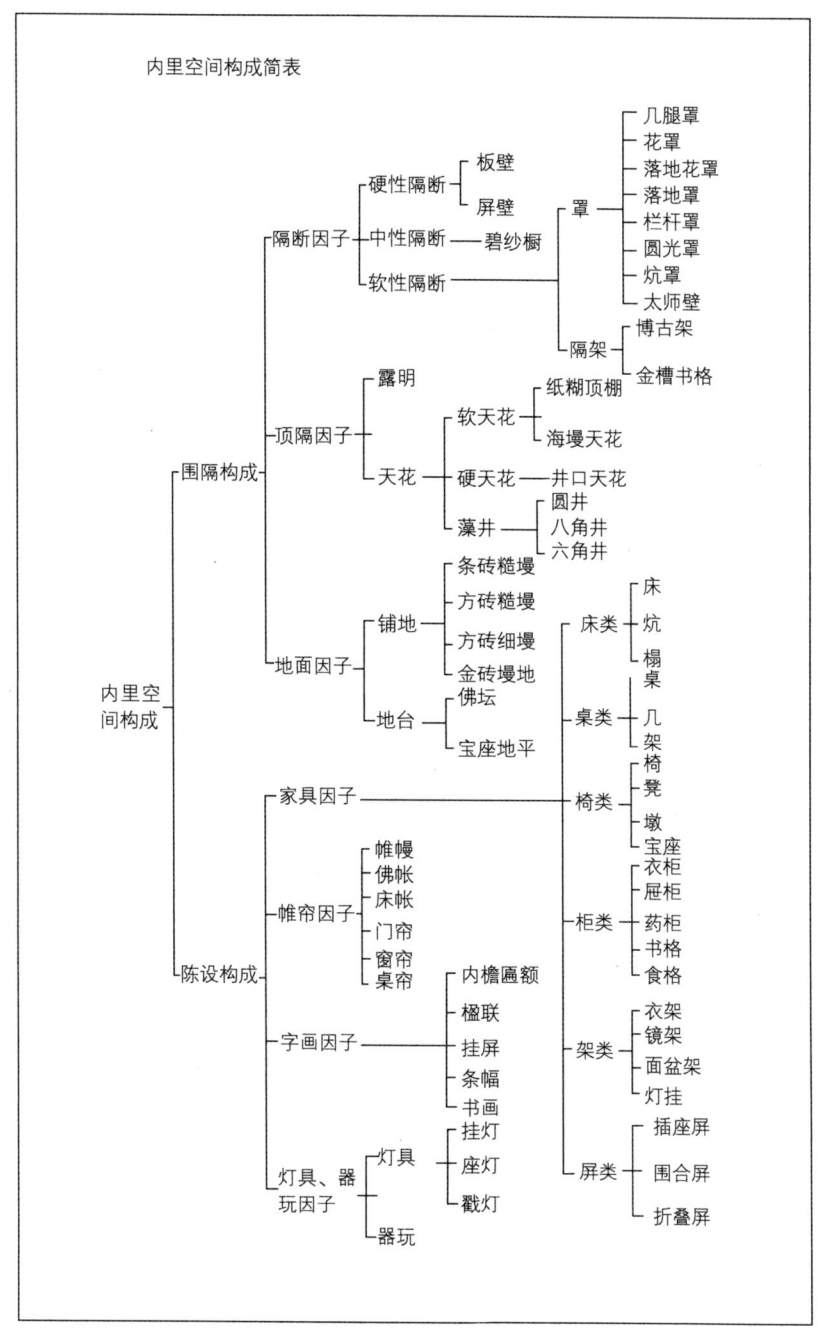

元素，摆脱原来复杂繁琐的设计功能上的缺陷，力求自然简洁又典雅灵秀，它是传统经典风格在当代背景下的演绎，是在充分理解中国古典文化基础上的当代设计，以使传统文化艺术的精神脉络传承并继续发展创新！

在空间布局、室内布置、线形、色调以及家具、陈设的造型等方面，它汲取传统美学"以形求神"或"离形得似"的观念思想，适当摒弃空间布局中等级、尊卑等礼制观念，革除传统家具的一些弊端（比如去掉一些多余的雕刻），糅合现代西式家具的实用舒适，并根据不同户型的居室、不同业主的性情爱好而采取不同地布置与陈设、配饰，适当地讲究主次、对称，以阴阳平衡概念与室内外的和谐生态，暗合着当今全球性环境保护与生态美学。新中式的空间装饰往往大多采用简洁硬朗的直线条，不仅反映出现代人追求简洁的居住要求，也迎合了中式追求内敛、质朴的总体设计风格，使室内更加实用、富于时代气息，且仍需不拘一格出新意。

常常可以闻听、阅读业界论者谈说以至颇为热切地为究竟何为"新中式"争辩不休、强执一端……从多元共存的意义上来说如此的"百家争鸣"不无裨益，笔者也正以自己的方式成为其中一员，但我们在此欲强调的是：正如对于何谓艺术的问题的答卷已然汗牛充栋却未有定论，并仍将如此这般地行进下去，但相对好的、成功的或富于启发的（俗语"很有感觉的"）艺术作品已然端坐在艺术史或个人审美史的适当位置上。对于新中式的问题也当如此看待，我们大可不必期待着一个严格而客观的"新中式（设计）"的定义或标准出现，而是认为只要在整体或重要的部分成功地体现了中国文化之传统精神或古典神韵的作品便是好的新中式作品（当然是结合着时代语境而非纯然复古）。

但要创获如此"很有感觉的"设计作品绝非易事，因为这要求在现代空间与环境中表现出传统空间的精神气韵，这对设计师提出了很高要求——既要对于传统文化与设计构件的对应或互涉关系有具体而宽广的认知能力与经验积累，同时又需要灵敏的审美感受及丰富的想象力与较为深刻的体悟和表现才能，这是长期的修养、培育与实践操练所得，绝非仅凭"天生我才"便一蹴而就。优秀的新中式作品自然出自优秀的设计大脑，他们正修养着那颗创造美的心灵、熏陶着那双发现美的眼睛。

综上所述，在阐述了"设计"与"设计艺术"（或艺术设计）、"中式风格"、"中式装修"、"传统中式设计"与"现当代中式设计"（或新中式设计）之后，让我们尝试着给予现当下的"中式设计"一个综括性的开放式定义：

中式设计，即是以经典深厚的传统文化理念与人文因子广泛结合多姿多彩的现代及后现代观念元素，设计营构出适合当代国人或居或旅，或聚合或归隐，或活动娱乐或凝眸放思的多向度、多种类风格之生活空间的装修配饰、建筑物（包括独体与群落）室内外与周遭生态环境之和谐融贯……。

　　显然，我们所提倡的"新自然主义中式设计"与以上的这个一般性的开放式定义密切相关，正如在引言中我们所认为的那样——中式设计应是一种整体的自然主义生态设计……我们强调应从"自然主义"以及新时代的"新"的角度来阐释中式设计，那么，就让我们进入下一章节，来对"自然主义"进行一番钩沉探微。

第二章 中国自然主义哲学思想探研

第一节 西方自然主义略述

从词源学的意义上说，中文的"自然主义"首先是英文naturalism一词的对应翻译，而naturalism亦即西方思想文化中的自然主义，主要有以下三个方面的内容。[①]

首先，泛指主张用自然原因或自然原理来解释一切现象的哲学思想、观念，其贯穿于欧洲哲学发展的全过程。在古希腊时期已有萌芽，而在十七至十九世纪的哲学家与自然科学家中相当流行：他们认为自然界的一切本已如此，反对用自然界以外的原因来解释自然界；人是自然存在物，是自然界的一部分，后者离开人的思维而独立存在并否认后者听命于上帝的意志；但只强调自然界作用于人却忽视人对自然界的能动作用，从而把人的活动排除在自然历史之外。而费尔巴哈把自然主义作为其人本主义哲学的基础，认为"自然是人的根据"，之后马克思曾用"自然主义"与"人本主义"（亦即"人道主义"）来表达当时自己的独特思想，把人的历史发展作为自然界历史发展的一部分，其所说的自然主义已接近后来提出的"现代唯物主义"和"实践的唯物主义"。随着历史唯物主义的诞生，马克思最后扬弃了这一提法。

其次，指20世纪30年代在美国形成，20世纪上半叶在欧美流行的自然主义哲学流派，主要代表有杜威、桑塔亚纳、

---

① 冯契. 哲学大辞典. 上海：上海辞书出版社，607-608.

R·W·塞提斯、柯恩、内格尔、兰德尔等。这种自然主义作为一种哲学派别，其界限极不严格，成员庞杂，包容多种派别的哲学家，因故便有多种名称，如"进化的自然主义"、"理性的自然主义"、"实验主义的自然主义"、"人本主义的自然主义"等，他们在哲学上的观点并不完全一致，但都主张自然是一切存在的总和，是全部实在；认为人的心灵根植于自然，灵魂与精神只是人的自然行为的某方面，决非自然以外的不朽实体，超自然、超经验的领域并不存在。反对把心灵和物质看成两种独立存在的实体，认为存在着的只是作为一个整体而以各种不同方式（比如心理的、物理的）起作用的人，其本身就是自然的一个部分而隶属自然，心灵和物质只是为了分析哲学问题所使用的名称，并非独立实体。强调通过科学的方法从自然本身去认识和把握自然（规律），哲学的题材和科学的题材在范围上都从属自然，能为人所经验与理解、认识，故哲学应运用与科学类似的方法，从经验出发而不是从形而上学的、超自然的或神学的前提出发。强调知识要以公众的检验或证实为标准，哲学和科学在寻求知识、真理方面是合乎理性的伙伴，科学探求现象的东西，哲学探求概念的东西，其以概念澄清与吸收科学所发现的东西，二者一样具有实效。晚近的自然主义强调语义分析的重要性，认为哲学的任务是分析范畴，即分析用来表达自然的最一般特性的词语或概念。总之，自然主义哲学思潮在现当代西方的自然科学与社会科学领域中（当然也关涉文艺现象，此处不拟讨论，只提及杜威的美学名篇《艺术即经验》，读之甚要——笔者注）都产生了广泛而深远的影响。

最后，指法国兴起于19世纪下半叶至20世纪初的一种文艺思潮与创作方法，其理论的哲学基础是实证主义，即主张以实证主义和科学方法认识现实，使艺术成为对自然的忠实模仿，偏重于描绘客观现实生活的精确图画，排除作者的主观态度，保持绝对的中立与客观，不带任何政治与道德倾向。使用有如科学实验的创作方法，以探求人的情感在自然法则决定下的活动规律，在作品中着重探索人物的生理奥秘，主张只写平凡、偶然、琐碎的事件与细节，塑造平庸的小人物与普通性格。虽然其自诩是对现实主义文学的发展，但认为巴尔扎克的典型化创作与浪漫主义的随心所欲一样都不符合自然主义自身所追求的"科学性"。自19世纪50年代始，福楼拜、丹纳、龚古尔兄弟等先后分别写出了标志着自然主义思想观念与精神原则的作品与宣言，左拉在《论戏剧中的自然主义》（1881年）等一系列论著中全面、系统地阐述了自然主义的文学观，提出要像实验馆的博物学家正确地观察和茂密的实验那样去创作文艺作品，其《小酒店》问世后，自然主义文学运动在法国真正形成。自然主义对法国文学与其他国家的文学影响久远，西方现代派的艺术中都不同程度地表现出自然主义倾向。

实际上，中国古代并没有"自然主义"这样的哲学术语，正如前文所述词源学意义上的中文"自然主义"不过是英文naturalism的中文对译语。然而，如同中国古代虽然没有西方意义上的"哲学"（philosophy）词条与其学科构架，却并不等于说中国古代没有丰富的思想与反思资源，以及与此相应的人生观、宇宙观、伦理观、审美观等系统思考及其文字表述，对此胡适、冯友兰、牟宗三等前辈学硕早已有所声明，正是在对比（西方）、挖掘（国故）、阐释（时代综合）的意义上建构与发展了现代中国思想学术，我们仅从其出版书名《先秦名学史》（胡适）、《中国哲学史大纲》（胡适）、《中国哲学史》（冯友兰）、《中国哲学的特质》（牟宗三）便可以管中窥豹一番，他们都是借鉴并使用西方"哲学"（英文philosophy经日本转译为汉语"哲学"）之名以表中国古代思想文化之实。

因此，虽然中国古代文献中并没有"自然主义哲学"这样的词条表述，但却有着丰富、深刻的有关"自然"（汉语"自然"一词早就在先秦出现）及其相关事物的思考与表达。这正需要我们通过研探与阐释，建构起有关中国古代自然主义思想文化或自然主义哲学的智识系统，从而创造性地把古人有实无名的重要思想转化成为名实皆具的现代学术内容。

第二节 "自然"之涵义

一般来说提倡"某某主义",意味着其提倡者着重强调"某某"并以之为宗,为最高准则或理想,视其为所要表达思想的根本或出发点,然后才逐步推导或论证其相关内容与衍生事物。那么,这里所要阐明的"自然主义"便首先需要我们在中文语境中了解究竟何谓"自然"。

我们在《新华字典》、《辞海》中都可以见到汉语"自然"一词的几个基本含义:

一是可指自然界一切天然而非人为的本然存在的事物或其状态:大自然;自然景物;自然美。

二是不勉强,不造作:自然而然;功到自然成;他笑得很自然;文笔自然;态度自然。

三是应当、理当、当然,没有疑问:学习不认真自然就要落后;鲁迅《三闲集·文艺与革命》"世界上时时有革命,自然会有革命文学"。

我们进一步参阅一些古代典籍中的"自然"涵义:

一是《庄子·缮性》:"莫之为而常自然"。郭象注:自然,谓自成也。成玄英疏:不知所以然而然,自然也。

二是《吕氏春秋·论人》:"事心乎自然之塗"。高诱注:自然,无为。

三是《文选·孙绰<游天台山赋>》:"运自然之妙有"。李善注:自然,谓道也。

四是《列子·黄帝》:"自然而已"。张湛注:自然者,不资于外也。

五是《老子·二十五章》:"道法自然"。王弼注:自然者,无称之言,穷极之辞也。

六是《文选·张衡<东京赋>》:"淳化通于自然"。薛综注:自然,通神明也。

七是《鹖冠子·环流》:"命者,自然者也"。陆佃注:莫能使之然亦莫能使之不然,谓之自然。(不假外求,其自而然矣——笔者注)

八是《论衡·自然》:"天动不欲以生物而物自生,此则自然也"。

九是《庄子·逍遥游》:"若夫乘天地之正"。郭象注:天地以万物为体,而万物必以自然为正,自然者,不为而自然者也……不为而自能,所以为正。"①

十是《晋书·阮瞻传》:"见司徒王戎,戎问曰:能人贵名教,老庄明自然,其旨同异?瞻曰:将无同?……。"张岱年释:"将无同"即差不多之意,阮瞻、王戎都肯定名教与自然是一致的……与嵇康"越名教而任自然"不同,郭象认为君臣之分、仁义之教都是合乎自然的……(参见张岱年《中国古典哲学概念范畴要论》一书

---

① 资料来源:故训汇纂,北京:商务印书馆,1880.

中的"自然"词条)。

　　综合以上对"自然"之义的表述与注疏，我们可以体会到中文"自然"一词可以作为名词或形容词表示自然界的天然存在物或其非人为的本然存在状态，亦可引申为无为或不由外造作而自成，或通达神明的无言之道；或是应该如此，亦即事物的存在状态就是其本来应该如此的存在之态，即是"将自然理解为本来的，正当的思想……特别是将自然与正当结合起来……。"[①]如此一来，中国古人对"自然"的理解便与西方有所不同：虽然双方都具有对自然界的整体性理解以及对自然事物的观察与感受，但其思考与领悟的方式与内容不尽相同。特别是中国古人将自然理解为本来的、正当的思想，尤其是将自然和正当（理应如此）结合起来的思想颇为独特！可以说，中国古人主要是以人文的、心性的，而不总是科学的、认知逐物的眼光看待自然（中西方的"人文"之思亦不大相同，这里不拟展开）。

　　在阐释的意义上，我们认为：老子说"道法自然"即道家崇"道"并宗法"自然"，亦即道家提倡自然主义，无论是天道还是人道，皆倡"自然主义"，"但自然并不为道家所独专，儒家文化也有它自己的自然观念。虽然"自然"这

---

① 沟口雄三. 中国的思想. 北京：中国财富出版社, 56.

一范畴一直到宋代儒学才普遍使用，先秦儒家几乎都没有直接使用自然这一范畴，但他们的思想体系中包含着使自己文化价值、理想设定自然化的努力……一句话，就是既出乎自然，又合乎自然。因此，先秦儒家虽然不直接使用为自己的论敌——道家当作理想和旗号的自然范畴，但其内在的思维方式是一样的。"①

上引第10例，据张岱年的观点：阮瞻、王戎都肯定名教礼制与自然相一致，而郭象更认为君臣之分、仁义礼教皆合乎自然，加之儒家名篇《中庸》有曰："是故诚者，天之道也；思诚者，人之道也"，再有孔子断称："天生德于予"（论语·述而）；"获罪于天，无所祷也"（论语·八佾），我们有理由认为：儒家提倡血亲人伦纲常自然而应然，人道源依天道，天道当然是自然正道，于是乎儒家当然也倡导天道自然主义。

---

① 吴中杰. 中国古代审美文化论（第2卷. 范畴卷. 自然，上海古籍出版社：P237-P238.

第三节 中国古代自然主义思想阐释

我们当然不能无所界定地统说整个中国传统哲学就是自然主义的，但可以假设自然主义是中国传统哲学极其重要的基本特质，因为按以上的简要论析，既然儒、道两家皆倡天道自然主义（尽管其各自的方法、道路有所不同，但最终皆指向天道自然），而儒道两家构成了中国古代哲学的本土主流，则天道自然主义便应该成为中国古典哲学的重要基质，有学者指出："自然主义像个幽灵一样潜伏在中国传统哲学的底层，并影响着中国传统哲学的方方面面，"[①]因此，我们将分别从以下几个方面来具体地阐释中国传统自然主义思想文化或自然主义哲学思想的基本内容：

一、自然主义的思维方式

我们认为，传统哲学的思维方式（或称思想模式）是自然主义的，它首先体现在统一的整体自然观上——西方的自然主义哲学思想也有整体自然观之思考，即是"认为自然是一切存在的基础，是全部的实在，"[②]但其主客二分对立的思维定式导致对待自然的纯客观的科学态度，强调对自然及其规律本身单向度的分析性探讨，从而建构起周详细密的知识体系及相对

[①②] 李承贵. 自然主义：中国传统哲学的基本特质. 福建论坛，2006（8）.

静止的形而上学本体论、认识论；而中国古代统一的整体自然观，虽然并不否认对立与差异、物我有分别，但总是比较强调把个人（包括观察者自身）、社会与自然作为一种统一的整体来考察，习惯于融会贯通地加以全面把握，表达了一种联系互关、和谐统一的有机整体自然观："天人合一"、"物我为一"、"情景合一"、"阴阳一体"等都是这种思维模式的不同表达方式。

其次，这种自然主义的思维方式也体现在重视直觉领悟，具有直观陈述的自然浑朴色彩：谦和平易地观察自然、直觉性地领悟自然，又不乏生动直白、朴真地表述自然，自然而然地使"自然"成为中国哲学陈述其思想的原点与中心："仰则观象于天，俯则观法于地，观鸟兽之文，与地之宜，近取诸身，远取诸物，于是始作八卦，以通神明之德，以类万物之情。"（《周易·系辞下》）

再者，自然主义的思维方法往往使用"类推"的方式进行表述，喜用自然意象（"观物取象"，"立象尽意"，以具象与符号把握抽象意义的思维方式被称为意象性思维——参见张岱年、成中英《中国思维偏象》P109），其颇为形象易喻，亦兼顾个别具体与整体一般，常常具有很好的象征与阐释功能。

例如，比喻与象征同属类推型思维方式，他们在传统文化中被广泛运用，妙融于传统文化思维的肌肤与骨骼，前者常出韵致，后者缕见意境。南宋大儒朱熹有云："比是以一物比一物，而所指之事常在言外"，他用"月印万川"的比喻论证其理一分殊之道理，要人们懂得"理只是这一个，道理则同，其分不同。君臣有君臣之理，父子有父子之理"，进而遵循天理。而《黄帝内经》则把人体比作小宇宙，以作为辨证治病的参照系统。

象征与比喻相关，可以被理解为一种特殊的比喻（即隐喻）。有论者道："象征是所有人类行为和文明的基本单位，甚至文化也成为象征的总和……"（参见张岱年、成中英《中国思维偏象》P96），所谓象征，是用具体事物或直观表象表示某种抽象概念、思想情感或意境的思维形式；而象征性思维的存在以及象征在传统哲学、文化中的运用，在社会生活中的广泛化，给予民族文化以深刻的影响，促进了中国人意会、体悟能力的发展，对于人们凭借经验领悟自然界以及社会人生现象中某些不可言喻的深层意境，有着引导与升华的效用。

中国古代"观物取象"的思维方式，便是一种象征性思维，是由象着意、意从象出的直观性、经验性的思维，从而关涉意象理论："象"有两种含义，首先是指自然界与社会生活所呈现出来的事物现象，即物象，而在《周易》"圣人立象以尽意"之语中，"象"便是指卦象，"意"则是人们对事物及其规律的认识，亦即"道"在思维、意识中的反映。王弼在《周易略例·明象篇》中说："夫象者，出意者也……象生于意，故可寻象以观意"，此处之"象"既指物象又指卦象。意象并非是对自然事物与生命情事的纯理论抽象，而是一种介于纯感性与纯理性之间的"取象",属于知性范畴的认识,它直接运用具体、个别的形象去把握一般,用生动直观的东西去喻指抽象深奥的道理——"意象本身只是一种象征,是物象和情景的一个代表物"。(参见胡伟希《意象理论与中国思维方式之变迁》)

总之,中国古代思想文化的自然主义思维方式,主要体现于统一的有机整体自然观,并注重直觉体悟,直观陈述且喜用"类推"的思维习惯;值得强调的是作为群经之首的《易经》所提出的"象",是以后包括玄学、理学在内的多家思想学术流派所供奉的重要理论基点。源自观察自然得象悟意,又立象尽意表征自然的自然而然又理当如此必其然的中国自然主义思维特质,在其时与其后的历史发展过程中,"象"与"气"、"阴阳"、"和"、"生"等范畴相互渗透、融合共体,成为沟通儒、道诸家的思维"基因"与中国传统文化的一种共同思维方式,正可谓:天道阴阳和,自然气象生!

二、自然主义伦理观

所谓伦理"指道德关系及其相应的道德范畴,原指音乐的条理"(参见冯契主编《哲学大辞典》P583),这里所说的"自然主义伦理观"即意中国古代哲学之伦理价值观念及社会政治理念的起源点与支撑点是"自然",即把自然之道或自然天道作为人伦之依凭,这点并不难理解。正如前述所引郭象在注庄子

"若夫乘天地之正"时说得头头是道："万物必以自然为正，自然者不为而自然者也……不为而自能，所以为正"。既然万物皆以自然为"正"（正确、正当、正气、正义……），人属万物之一，其伦常当然也必以自然之正为"正"喽！

再看《老子》也说得明白畅晓："人法地，地法天，天法道，道法自然"——我们直可推出：人法自然——人以自然为法，人伦当然以自然之道为明法，为正理！《周易》曰："天行健，君子以自强不息……地势坤，君子以厚德载物"，须知这里通过古往圣贤明哲的观察体悟，得知天行地势的特征品质，并不是为了科学地认识自然规律进而把握与利用来为人造福，而是为着伦理价值以及精神建构之需要来效法天地之则。我们可以把原话解读为：天行健自强不息，地势坤厚德载物，君子皆以效法。

再读读伦理大圣孔子在《论语》中的名言："惟天为大，唯尧则之"（即意只有上天最高最大，只有帝尧能效法其则而成其功业，我们自当追随帝尧，以其则为准了；顺便，据说武则天的名字正是源自上句话。）又见《论语·述而》："天生德于予"，孔子认为正是上天赋予其德！再，《论语》终句孔子曰："不知命，无以为君子也……"此处之命应指天命即天道之德令，孔子以为作为君子的德行标准终应来自天道，天命定之；若不知之，当然无从则之，不能成为自觉遵行伦理规范的君子。

最后让我们再看儒家经典中庸之句："诚者，天之道也；

诚之者，人之道也……"大儒朱熹在《四书章句集注》之中注解："诚者，真实无妄之谓，天理之本然也。诚之者，未能真实无妄，而欲其真实无妄之谓，人事之当然也……"这里显然是说：天道天然是自然而然的真实无妄，而未能真实无妄却要真实无妄的人伦生活之道就应当依循天理之准，遵从天道而行不止，直到修积圣人之德，浑然天理，真实无妄，不待思勉而从容中道，则近天之道也（如帝尧则天那般）。

的确，正如当今许多学者所指出的那样："推天道以明人事"是中国古典哲学的普遍模式，是儒家与道家的共同根基（虽然各家各派的致思路向与侧重点会在某些阶段或层面上有所不同），在论说天与人的关系上，无论其目的或重点是否落于人事亦即知人明伦，自然（天道）都是终极依凭。①

这里顺便说说"天人合一"的传统思想命题：当下许多学者认为"天人合一"说的就是人与自然的和谐相处，这从阐释学的意义来讲当然不能算错，但这并非原命题的思想主旨所在。从古代思想史料文献来看，这个命题主要是指天人同构相应、心性与自然相通、天道与人道相统一的观念学说，"其实质是以天道论证人道，即从自然现象、自然规律中寻找政治伦

---

① 孙以楷，李霞教授（安徽大学哲学系），许抗生教授（北京大学哲学系），李存山研究员（中国社会科学院哲学所）. 光明日报. 2006-04-18.

理规范及人性学说的依据和根源，从而论证人间政治秩序、伦理规范及人性学说的合理性……"（参见黄文贵《自然的意义》），这也还是符合"推天道以明人事"的普遍模式，虽然从阐释学及现代学术的意义来说，我们不妨把"天人合一"阐释为"天人合生同存"、"天人合德同善"、"天人合美同乐"以及"人与自身、与社会、与自然和谐相处"的当代环境与生态景观展望……

总之，中国传统哲学讲人性与伦理和政治无不力图从自然、天道处寻求根源，天是人道、人性的根源，是人间伦理道德与社会政治的最高立法者。天道自然的意义主要不在科学认知方面而在人文精神与价值方面，自然对于人的意义主要是在人伦政治、审美与超越等精神方面，正是在此意义上我们宣称中国古代哲学的伦理观亦当属于天道自然主义，虽然由于各家各派对于自然天道及其展现方式的理解不同，因而其具体的伦理诉求与表达内容之侧重亦有所不同，但他们最终皆推源天道，以之为据。例如道家强调天道自然无为，则人伦关系亦应自然而然，不讳疏松甚至淡漠，政治上也强调无为而治；而儒家则强调天道诚善、厚德载物，人道亦应真诚仁爱，认为血亲相爱、伦理纲常皆是自然而应然，政治方面则相应提倡"仁政"、"王道"。

三、自然主义审美观

就像是"哲学"、"自然主义"、"伦理学"一样,在中国古代也并无"美学"一词以及西方意义上的美学学科体系(即使是在西方,现代学术意义上的美学学科的建立也不到300年,虽说自古希腊以来一直就有着关于什么是美以及相关审美思想的种种探讨与资料文献),但却有着丰富的,有所不同于西方的审美感悟资源,这里需要强调的是:审美感悟不同于审美感性——在西语中,"审美的"与"感性(学)的"同用一个词,即aesthetic,而"感悟"比"感性"多出了一层意思:悟!亦即感觉、感受且有所体会领悟,这主要是指古代中国人的思维方式;而感性(感觉、感受性)是指传统西方思维方式之感性、知性、理性三阶段中的初级阶段。很明显,较为综合性的审美感悟(古代中国式)不同于较为单纯性的审美感性(传统西方式)。

在前述对"自然"的词义例析可知,作为名词或形容词,"自然"可指大自然的存在事物或其存在状态,亦可指其整体的存在状态、存在之道亦即自然天道或天、道等。而感悟型的思维方式(我们已经把它称为"自然主义"式了,见前述有关思维方式的阐释)便使古人在进行审美活动时往往并不注重仅仅停留于对具体事物(审美对象)的细致感受、欣赏,却要进一步地由此而体会、思忖、理解乃至顿悟自然天道的内蕴,宇宙、人生的意义与价值，进入某种超越的精神境界。

如此的审美感悟方式及相对整体有机的思维模式恰好在某种意义上说明了为何有些人觉得中国古典艺术常常富有哲理意味——因为它不仅需要西方人所独重的"感"，更强调要有相对整体性的"悟"；而中国古典哲学又往往具有一些艺术与审美的感知性色彩——一方面因缺乏科学性与逻辑性而显得不够精准确当，似乎空疏无着，而另一方面又恰恰因为不拘泥于科学性的具体、精确而顾全动态之生命大局与天道自然，喜用类推手法（比喻、象征）而不失形象具体（即避免因过度抽象而丧失具体活性，导致了无生机、僵化乏味的纯理性思辨），也因强调"内求心性却非向外逐物"（劳承万语）地更贴近生命本真。

一般来说，审美活动与艺术作品往往是以可感的形象来展示事物的内涵意蕴，但有时也借助其他方式，比如诗文中的适当议论与古典音乐中的标题或副标题来略示甚至升华作品的思想要义，成功的这类作品当然是因此而画龙点睛，反之则狗尾续貂。我国古代许多优秀艺术家都有很好的思想修养，有的甚至就是实践与理论的双栖大家（如嵇康、石涛），也有不少思想家有着极高的艺术修养与实践才能（如孔子、王夫之），这些例子不胜枚举，笔者在此有所提及不过是为了有助于强调求整体、重感悟与喜类推的思维方式在很大程度上决定了中国古代审美文化观的天道自然主义归宿。

让我们来读一读陶渊明（陶潜）的五言诗《饮酒·其五》

结庐在人境，而无车马喧。

问君何能尔，心远地自偏。

采菊东篱下，悠然见南山。

山气日夕佳，飞鸟相与还。

此中有真意，欲辩已忘言。

这是一首为许多读者耳熟能详的名诗，多数论者认为陶渊明是我国伟大的田园诗人、隐逸诗宗，其诗文质朴抒情，特富平淡自然之美，颇得老庄真髓；而此诗中"采菊东篱下，悠然见南山"尤其是描绘田园风光、笔淡韵美的千古佳句……，这样说当然不能算错，笔者以为尚可略究一番，还是让我们边读边说吧：

一是本诗提名《饮酒》，而全诗无一字关乎饮酒，显然是意在言外。

二是起首四句，重心落在最后一句"心远地自偏"，"远"是玄远、归远之意，指作者内心因鄙薄俗世争名夺利以至于无视现实之车马喧闹，却欲求得意远韵深的清净无为之天道而乐得其所，可谓得（彼）意而忘（此）形之乐。

三是笔者并不反对大家对中间两句的普遍读法，只是提供一种有所不同的解读：这里的"菊"与"山"都可以理解为作者设下的隐喻（而不仅仅是大自然景观中的优美菊花与隐逸之山林），他们与作者在别处作品中的"青松"、"孤云"一样都不仅是自然景物，更可以是诗人高洁品德的象征，考虑到作者早年习儒有猛志，晚年归隐之后仍有《读山海经·其十》中"刑天舞干戚，猛志固常在"的儒者志向，那么我们何妨认为他是以芳菊自喻，既然孔子以美玉自喻来"比德"；而悠悠然乐见之"南山"，可以是孔子"仁者乐山"的儒者之乐，也可以为隐逸山林的道家所喜，二者于此并不冲突，因为作者自身便是兼怀道儒之士。

四是接下两句"山气日夕佳，飞鸟相与还"也不应只当做一幅优美和谐的抒情画卷来欣赏，我们可以在作者另一名篇《归去来辞》中读到颇为类似的句子："云无心以出岫，鸟倦飞而知还"，尤其是归鸟的意象也应是作者所设的隐喻，可以象征作者虽猛志常在却终须归根天道自然的兼容儒道之生命观，虽说是由颇为淡雅优美的感性形象来象征其高远的精神境界。

五是最后二句应是全篇的整体感悟性总结，以特殊的议论语式及类似于佛禅的"负的方法"（冯友兰语），阻断常态语言逻辑，从而升华其境，使读者也包括作者自己来体悟仁怀万物、鲜活生机、圆融自足的自然道境。

总之，我们由以上的阐析可知，中国古代自然主义的思想模式在很大程度上决定了传统审美观的自然主义特征，其主要表现在审美活动中对于包括人在内的自然事物亦即审美对象之美的发现与欣赏，不仅要有感受或读懂其美的感官机能与相应的思维功能，更需有达于大道的人格修养与心灵境界。虽然儒、道两家所取的路向与侧重有所不同，但最终皆是为了通达自然天道。

我们可以假设面对友人赠送的一块尚未雕琢的玉石，一位儒者便可以从其形质上的温润、坚硬而自比其德操，并希望很好地琢之磨之，最终雕刻成为名器，以喻自己经过艰辛磨炼与道德修为最终成为名贤硕儒，甚至不绝有化圣则天的可能性，"下学而上达"（《论语》）。而一位常去山林的道家信徒面对这块天然未琢之璞，其天成不规则之浑然原貌、天然无雕饰之率真丽质与袒露纹理，其自然斑斓之丰富色华……于山林中细察、把玩期间，道士悟及《庄子》"游于物之初"之深妙，亦透解《老子》"归根复命，知常明道"之为至理，不经意中竟将玉石遗忘于山林中，返斋后欣然自嘲：吾与璞皆得道而返真矣。

以上当然是笔者的杜撰性阐释，其旨要显明儒、道共通的审美目标与有所相异的抵达路径——从审美感悟的意义上说，儒家以诚善伦理之美（常用"比德"之方）求其天道，而道家则以素真无为之美来悟求其道（乘便可说，禅家是以空寂无执求其圆融自然之道，较为接近老庄，这里暂不做展开），因而我们权且以"伦理的自然主义"、"无为的自然主义"与"空寂的自然主义"分别来指称儒、道、禅三家的自然主义审美观。

四、自然主义终极观

这里所说的终极观，当指向思维方式之种种具体运用的全幅性展开而后所做的对于人生与宇宙存在本质的总体性概括，它类似于神学哲学家蒂利希（又译田立克Paul Tillich）所提出的"终极关切ultimate concern"，但神学领域中的终极关切所指向的是无条件的无限者上帝（虽然也与人的生存意义相联系），而这里所谈论的可以被看成哲学意义上的终极关切，其对象已由超验的上帝还原为现实生命的存在与其相关物（也可以是无限的，甚至某种意义上的超越物，比如"物质"、"道"）；其涵义更多地关涉哲学本体论及价值论，内涵亦更宽广。（参见杨国荣《哲学论域中的终极关切》）

一般说来，对于人的生命存在而言，"终极"可意指外部的宇宙自然之存在的终极（起源与终了）；也可指其自身生命的终极，亦即肉体连带其思想情感意识之终结（死亡）与生命的价值与意义之极境。因此我们可以从中国古代哲学的宇宙观及生死观（人生观）方面来了解与把握其终极观或终极关切的实质与特征。

（一）宇宙观

宇宙与自然世界是何时以及如何产生和形成的？其本源是什么？时间的本质究竟如何，它会终结么？是什么在支配着宇宙自然及天地万物如此周而复始地运转及生灭……？这些既老又新的问题自古以来就一直困扰着人类，古人今人、东西思者皆未停止努力地探索上述命题，让我们来看看中国古人的一些回答：

战国末年的尸佼对"宇宙"明确定义到："四方上下曰宇，往古来今曰宙"（《尸子》）；东汉时代的张衡则说："宇之表无极，宙之端无穷"（《灵宪》）。这就表明了何谓"宇宙"及其存在的一般状态——"宇"是包括东南西北四方与上下六合的三维空间，"宙"就是包括过去现在与未来的一维时间，而宇、宙合为空间与时间的时空统一体，这个统一体是无穷无尽的，亦即宇宙存在无限论，未有始终或始终无限。就范围而言，宇宙论便关涉这无限时空中所产生变化的至大至小的一切现象。

在宇宙的生成本源、结构变化与其本质观方面，老子在《道德经》中杰出地说道："有物混成，先天地生，寂兮寥兮，独立而不改，周行而不殆，可以为天下母。吾不知其名，字之曰道，强为之名曰大。大曰逝、逝曰远、远曰反。……道生一，一生二，二生三，三生万物。万物负阴而抱阳，冲气以为和……王法地、地法天、天法道、道法自然……天下万物生于有，有生于无……夫物芸芸，各复归其根。归根曰静，静曰复命，复命曰常……全乃天，天乃道，道乃久。"在上引一百多字中老子明确而形象地提出其"道本论"的宇宙观，作为万物之母的既有且无（无限，无规定性之大有）的自然大道于天地之先便已浑朴和谐、完美无缺地存在，其川流不息且循环往复，永久如此，是天地万物的总根源与支配者。

为后世儒、道所共同推范的《易传》曰："易有太极，是生两仪。两仪生四象，四象生八卦……一阴一阳之谓道"，宋儒周敦颐释曰："无极而太极。太极动而生阳；动极而静，静而生阴，静极复动。一动一静互为其根，分阴分阳，两仪立焉。阳变阴合而生水火土金木，五气顺布，四时行焉……二气交感，化生万物。万物生生而变化无穷焉"（《太极图说》），这便是说阴阳是万物之本，万物未有而阴阳先有，阴阳二气静动变化、分合而万物生生且变化无穷。然推极而论，则阴阳未分之前的太极（无极，无限，无规定性之大有，即是"道"！）方是宇宙之终极根源。

总之，虽然具体过程中的侧重有所不同，名称亦有所异，但从根本上说中国古代哲学中的主要流派在其宇宙观上都认为道，亦即天道自然是宇宙万物产生的终根本源，其运动发展生机勃勃，周流往复永不停息。

（二）生死观

前述论及"推天道以明人事"是中国古典哲学的普遍模式亦即儒道等主要思想流派的共同根基，而当他们思考人生意义与死亡等问题时，也往往是跟随着观察自然、感悟天道的自然主义方式进行，即是把人的生命看成是宇宙自然的一部分，是自然生命的组成部分，亦将自然而然地生长、延续并如自然万物那般终而复归其根，之后再出生机而生生不已。

前文已提及阴阳二气静动变化分合而万物生生不已。实际上气与阴、阳一样都是出现很早的古代哲学的基本范畴，"一阴一阳之谓道"，究极而论，"气"可以被看成是无所不在的"道"的具体却无定形的表达，则"气亦是道"，此不展开详论，只是为了说明人与天地万物皆因"气"而成其体并由此而理解人之生死、存亡的观念态度当属自然主义生死观：

《易传·系辞下》曰："天地蕴蕴，万物化醇；男女构精，万物化生"即是说天地、阴阳二气交感则化育而醇；男女构精交合则万物化育而生，则天地到万物，男女成家至社会，皆是由天道秉气相贯而成。

老子着重强调了对待生命存亡之态度，这当与对天地自然的观察与感悟有关："天地所以能长久者，以其不自生，故能长生……夫惟无以生为者，是贤于贵生。"（老子第七章），这是说天地之所以长久，就在于天地不执著自己的生命，那把自己的生命置之度外、自然无为的生存者，却要比过分重视个人生命的人高明得多，得道（天道自然，人道无为）者长生！《庄子》有言："人之生，气之聚也；聚则为生，散则为死。若死生为徒，吾又何患！故万物一也……故曰：'通天下一气耳'圣人故贵一。"（《庄子外篇·知北游》）以如此的生死不过气聚散、齐生死、齐万物，万物一也，道通为一，通天下一气等融合天道自然、人道无为而得逍遥自由之至乐的自然主义生死观来看待，我们便可理解为何当爱妻离逝，庄子非但不做悲泣反要鼓盆而歌的超越行为，直与"天地与我并生，万物与我为一"的理想境界相通不碍。

南宋儒者杨简在其传世作品《慈湖遗书》中说道："吾之血气形骸乃清浊阴阳之气合而正之者也，吾未见夫天地与人之有三也。"这里杨简所谈及的天地与人皆由阴阳之气而构成，这点与《易经》、道家并不相异，即是认为关于宇宙自然的根本原理也即是关于人生的存在根据，"常常一句话，既讲宇宙，亦谈人生"（张岱年语），这里的重要之处是"清浊阴阳之气合而正之者也"中的"正"字，凸显出儒家之宇宙观与人生观的要义！（道家亦类似，我们之前论及郭象在注庄子"若夫乘天地之正"时亦言"万物必以自然为正……"可以说虽然儒道两家都强调天道自然为基调，但是在人道观或人生观方面，道家更倡导以自然无为为正，而儒家则更强调以诚善为正道。）

《论语·述而》中记载了孔子"不语怪、力、乱、神"之言，并不表明他武断地否定鬼神，正如他"祭如在，祭神如神在（《八佾》）也并不表明孔子宣倡鬼神，而是说孔儒对彼岸世界与鬼神所持颇为审慎的态度，其旨在提示出"鬼神"作为一个概念的存在价值是扎根于此岸世界的，那就是在祭祀祖先的时候，让人们去体验父母（先人）仍然生在的那种以巩固孝道为目的的恭敬情感"。

《孔子家语·五仪解》记载了未必是孔子亲口所言，却当符合儒家对于生死的某些看法："然人有三死，而非其命也，行己自取也。夫寝处不时，饮食不节，逸劳过度者，疾共杀之；居下位而上干其君，嗜欲无厌而求不止者，刑共杀之；以少犯众，以弱侮强，忿怒不类，动不量力，兵共杀之"这就是说因为一些于己不适之陋习，于人不义之恶行而招致身祸实乃不智之自取灭亡。另外，"若是为了失意或私愤而自杀，在儒家看来不仅轻如鸿毛且不道德，因为这种行为抛弃了他理应承担的各种社会责任，就普通人而言，最基本的一点是他所承担的家族传递过程中的承上启下的责任。"（以上三段引文参见谭晓园《生死观上的人类智慧》）

在追求诚善正道的入世者儒家看来，生命当然非常可贵，但贵生、保生、养生都是为了追求既崇高亦平凡的仁善精神的生命价值，孔子在《论语·里仁》中说道："朝闻道，夕死可矣"；又在《卫灵公》说："志士仁人，无求生以害仁，有杀身以成仁"；《孟子·告子上》记载其曰："生，亦我所欲也，义，亦我所欲也，二者不可得兼，舍生取义者也。"以上记载都旨在彰显儒家强调君子士人对于生死之意义应取的态度与抉择：仁爱义信、礼乐文化皆是人生要义，闻道得道皆为传道行道，修身养性皆臻知行合一。因仁义之道更重于自然可贵的个体生命，那最有价值的死亡当然不是饱享快乐而寿终正寝，却是杀身成仁，舍生取义的终了方式，这在真儒看来真是死得其所（并非人人都有这样的机会哦！），这当然是得了正道、践了仁行，从而自然而应然地归化天道自然，不朽矣……

（三）理想的生命境界

这里的理想境界，应指中国古典人生哲学精神境界的最高阶段或正面意义上的终极向度，是传统精神文化之核心价值的重要体现；它相当于冯友兰人生四境界（自然、功利、道德、天地）中的最后一境即天地境界，也相当于张世英四境说（欲求、求知、道德、审美）之最后一境。其实，这里要谈论的内容已在上一小节的"生死观"中有所关涉，余要处在此进一步论释——

在《论语·先进》篇中讲述了这样一个场景：孔子让他的几个学生在一个随意轻松的气氛中说说自己的理想与志向。学生们的回答都不离孔子平常的教导与要求所及的正常范围，如子路希求在一个大国中施展才略，使国富民强、社会有序；冉有则较为现实地希望能在较小的国家治理，使人民富裕，而后敦行礼乐教化；而公西华则更为现实地意愿成为一个协理宗庙或盟会之事的一般职员，这些都不能使孔子闻之心动。最后，他问到了一直在一旁为大家随性奏乐的曾皙（曾点），而曾皙的回答却使孔子颇为赞叹，深表同意。曾皙到底说了什么呢？其曰："暮春者，春服既成，冠者五六人，童子六七人，浴乎沂，风乎舞雩，咏而归。"——曾点说道：晚春时光，穿上舒适的衣服，如愿约好五六个成年亲友，带上六七个可爱孩童外出游玩。我们信步徜徉于沂水岸边，河水清清，大家洗脸濯手；又在那花草掩映、绿树作伴的舞雩高台上吹吹风，轻曼逍遥，最后吟歌而归。

初读此文，我们会感慨曾点以如此轻松的笔调将大自然美好景致融入自由自在的生活情调，从容自如地抒发着自己的玄远志向，其类似于庄子"天地与我并生，万物与我齐一"的道家式"体道"、"无为"之理想生命境界，难怪大儒朱熹在《四书章句集注》中对此评述到："曾点之学……乐其日用之常，初无舍己为人之意，而其胸次悠然，直与天地万物上下同流，各得其所之妙，隐然自见于言外……"

但我们或许会在此发问：为何孔子要深深赞许曾点那类似于道家的自然无为之志？即使儒、道两家在根本处都强调人生之道要以自然天道为根据、为本源，但各自具体的求道方式、内容毕竟有所不同，在此，儒家（包括孔子自己）所提倡的仁爱诚善、礼乐精神都到哪里去了呢？带着如上的发问，再回头细阅原文，我们便可以找到一些回答线索了：曾点的回答很妙，那看似不经意提及的吹风掠爽之处——舞雩高台是古代祭天祷雨之地，它正可以象征祭祀之"礼"，即是礼乐之隐喻；那歌咏之音，让我们仔细想想，当不是什么郑声淫乐之流，倒应属于歌颂先王伟绩，令孔夫子"三月不知肉味"的韶乐雅音之类，亦即表征孔子"兴于诗，立于礼，成于乐"之"乐"等。

如此一来，曾点以感性鲜活的审美方式传达出的礼乐意象，以及无限美好的自然而然之景观气象所暗示出的天道深意当然契合了孔圣人内心的先王之志,从而由衷地喟叹赞许,正如宋儒程子说道:"孔子与(赞许、同意)点(曾点),盖与圣人之志向,便是尧、舜气象也……曾点,狂者也,未必能为圣人之事,而能知夫子之志……。"

平心而论,曾点远非完人:从多处史料来看,其狂态有余而实干不足,因而如何评断"曾点之志"也成为儒学史上的名案(欲知其详请参阅傅佩荣《论语之美》、钱穆《论语新解》、刘宝南《论语正义》、程树德《论语集释》等书中有关《论语·先进》篇末最后一段长文的论述与评点),但我们在此所论要旨是通过阐释曾点志向而明晰孔儒之志,是通过曾点其人表其情志的表达方式以显明中国古代哲学致思与表述其思的方式及特点——不难看出,一方面曾点以这种看似无关道德的(即是"非道德的non-moral",而不是反道德的,反道德正与道德相关!),超乎道德之上的审美形式来表征、暗示其理想志向(其志向当然很关涉道德,也正因此而与康德之"美是道德的象征"相通)。

但另一方面,我们有必要深究这里的所谓"审美形式"之内蕴:可以假设曾点吹风纳爽之处并非舞雩高台,而是在一座极为普通的小山丘上,我们可以推想,这座普通的"山"的意象便可以成为一个儒者心目中"仁者乐山"的象征,从而推断其道德(比德)乃至最终通向天道之寓意;而对于一个道家信徒来说,这春夏之山的葱绿生机、这静穆之山的稳固持久、无为自存的风貌品质完全可以成为那养育万物、厚德载物(儒、道皆推崇"德"，涵义各自有所不同）而自身永葆的自然天道之隐喻，这也正如我们在"自然主义审美观"中所举出的那块美玉的例子一样，说明中国古代哲学中的所谓审美意识很少只停留在审美对象的客观形式上做出所谓"纯粹的"形式观赏，却还要感悟些什么，联想些什么，而这些"什么"最终往往指向人生，指向天道。

所以从根本上来说这里所讨论的"曾点之志"或儒家以及道家的生命理想所及已然超出了一般意义上的美学或审美范域，从而指向关涉到传统哲学诸多方面的核心命题——"天人合一"，它是"中国独具特色的哲学观，它是中国古代文化和哲学的基本理论内容和逻辑发展线索。古代中国人的宇宙观、环境观、文化观、艺术观、审美观都与此有着或深或浅，或远或近的内在关系，中国古代的儒、道等，都奉行'天人合一'说。"①，虽然这一命题的提出晚至汉儒董仲舒（天人感应、天人相类）乃至更晚的北宋张载（天人一体、天道与心性相通）以及其后的宋明哲人，但其所关涉的思维方式与思想内蕴颇为古远、由来久矣，历来的思想者们根据自己的理解与需要对其进行了不用程度、不同层面、不同路向的种种阐释与建构。我们这里可以从天人合德、天人合生、天人合美三个方面来谈论其人生理想的终极意蕴。让我们合看以下两段文字：

---

① 曾坚，蔡良娃. 建筑美学：P162.

《论语·泰伯第八》：子曰："大哉，尧之为君也！巍巍乎！唯天为大，唯尧则之。荡荡乎！民无能名焉。巍巍乎其有成功也，焕乎其有文章！"

《周易·易传》："夫大人者，与天地合其德，与日月合其明，与四时和其序，与鬼神合其吉凶。先天而天佛违，后天而奉天时。"（合：匹配、契合、融贯之意）。

可以说，在孔儒心目之中，尧是最伟大的君王圣人亦即大人，因为"唯天为大，唯尧则之"，作为人的最高代表尧之则天可以表现在其与天合德共善，德量巨大；天之大德养育万物，尧之功绩惠及万民。又表现在其与天合生同存：生生不已；天之自足行健，四时有序而生生万物，尧之弘毅善治，奉天顺时，宗社代代不息；更体现在其与天合美共乐：天之日灿月明，山水以形媚道，其乐融融；尧之礼制美奂，民无能名，君民和美共乐。

这最后一字落在"乐"，审美欣赏能乐，伦理之爱亦得乐，饮食游玩有乐，悟道发明更享其乐。"乐"之于古典文化精神可谓意精蕴深（有论学者谓中国古代无美学却有安身立命之乐学……参见劳承万《哲学美学与中国古学》），儒家推崇闻道行道乃至杀身成仁为大乐，故有"乐则安、安则久、久则天"（《礼记·祭义》）、"大乐与天地同和"（《乐记》），"兴于诗、立于礼、成于乐"（《论语·泰伯》），这里的"乐"不仅仅指音乐，更是学成而成人所臻"义精仁熟，而自和顺于道德者"（朱熹《论语集注》)之乐境,类似孔颜乐处之高境,而那与人又与天地同和之"大乐"当然是乐的最高境界——正是程子"仁者浑然与物同体"或王阳明"仁者与万物一体"之乐,是与天道自然所和之大乐,也是小我成为大我之乐境,天人合乐!

而道家强调自然无为(而无不为),因其"正言若反"(《老子七十八章》),故简而言之,道家追求的"至乐无乐"(《庄子·外篇·至乐》)可解为——至乐便是无乐因而无其不乐!

佛国之"极乐"世界自然是佛家追求的终极理想佳境,而中国化的佛教禅宗亦不例外,但在禅宗看来,"极乐"世界并非定在远离世俗、隔绝世间的超然疆域,关键是在"迷"与"觉"或"悟"与"不悟":当其不悟,即是凡夫;一旦觉悟,即可立地成佛,极乐随至!所以禅宗反复畅言"砍柴担水,无非妙道",闹街山林,莫不空寂,即世而出世,乐土存焉。

佛禅与道家多方面有相似处,而其因俗归真、即凡入佛之念想与儒家即凡入圣、"极高明而道中庸"的思想传统也有明显的承接与契合。

以上我们从思维方式、伦理观、审美观、终极观等四个方面简要论释了中国古代哲学之主流儒、道两家在这些方面皆以天道自然为总体根基与最终归宿而展开的一些观念与思想建构,最后又在终极观(宇宙观、生死观、理想境界)的收拢处略要阐释了"天人合一"的核心思想命题("推天道以明人事"与究人道终归天道是其普遍模式)。因此我们可以从总体上概说天道自然主义是中国古代哲学的底色与根基；但这并不排除历史上存在过其他与之相关的思想流派与有待阐释建构的其他某某主义，这都需要做出大量深入细致的研究梳理工作方可审慎地相对界定；而本文旨在阐明儒家、道家及部分关涉的禅宗文化在整体上构成了作为中国传统思想之根基的自然主义哲学思想的主要特质；以天道自然或自然天道为最高主宰与理想、准则，探究天、人关系（这当然会关涉人际、人与自我，甚至天文、地理、医药、科技以及其他众多内容，思想流派也绝不限于儒、道两家，我们在此自然不能也无必要展开详论。）

而这种天道自然主义整体上颇不同于西方意义上的各种自然主义哲学或文化思想流派，不论其名称如何，比如是否在自然主义之前冠以"科学的"、"人文的"或其他限定词，思维方式上的不同导致其与中国古代自然主义思想的本质差异，虽然有许多方面可以相互关涉，甚至极有必要在当今的研究思考中提供借鉴，但这已是另一码事。

就自然观而言，西方主要是以科学理性的方式研究自然宇宙，而中国古代主要是以人文情怀的视角来对待宇宙天地（此点我们在前面已有所交代，此不详论），是故笔者需要指明，相对于西方式的自然主义，我们应该把中国古代的自然主义称为：人文的天道自然主义——这正是：

天道阴阳和，自然气象生；仁义礼理诚，妙乐清心悟。

[第三章] 天道自然主义思想在传统建筑文化中的运用展现

通过上一部分的论述可知,"天人合一"是中国传统哲学中天道自然主义思想的核心命题,虽然这个命题的原意主要是指天人同构相应,心性与自然相通以及天道与人道相统一的思想观念。而人与他人、与自然环境和谐相处的观点已然内蕴其中,这从张载《西铭》中"天人一气"、"乾父坤母"、"民胞物与"(百姓是我同胞,万物与我为友)、仁民爱物以及王阳明"仁者万物一体"等思想用语中皆能较为明显地体会出来,当然,与这种爱与友善等伦理关系也往往需要像永存不灭的有序宇宙那般建立秩序与区别等差,亦即虽说"立必俱立"、"爱必兼爱"(张载《正蒙·诚明》)但却"夷子谓'爱无等差',非也"(《张子语录上》)。

建筑小宇宙,宇宙大建筑——宇宙即是建筑,建筑即是宇宙。中国古人对宇宙与建筑关系的理解与思考已由类比象征而臻互通同一:"上下四方曰宇,往古来今为宙"(《淮南子》,而《庄子》、《尸子》中也早有此说法)。在此,作为无极时空代言的宇宙被分别阐明为"宇"是小至屋庐,大至天地的空间概念,而"宙"则是在此空间中进出来往如人踱步行径般的时间流变,汉人高诱则干脆说道:"宇,屋檐也;宙,栋梁也。"

"往古之时,四极废,九州裂,地不周载,女娲炼五色石以补苍天,断鳌足以立四极"(《淮南子》),这里女娲补天的所作所为便如同房屋修缮以撑屋宇的过程那般使得整个宇宙无形中产生了一座庇护人生的"巨房"形象;而作为人工的房屋建筑，其象法自然宇宙，其时空意识也"是一种古已有之的人与自然相亲和的建筑有机论"（王振复语）。李约瑟Joseph Needham曾指出，中国文化的关键词是秩序order，尤其是模式pattern与有机体organism，"没有其他地域文化表现得如中国人那般如此热衷于'人不能离开自然'这一伟大的思想原则。作为这一东方民族群体的'人'，无论宫殿、寺庙，或是作为建筑群体的城市、村镇，或分散于乡野田园中的居民，也一律常常体现出一种关于'宇宙图景'的感觉，以及作为方位、时令、风向和星宿的象征意义，"但"实际上中国人不是'不能离开自然'，而是认为人就是自然（的一部分——笔者注）、人与自然同一，从而把建筑这种人工文化看作自然的有机延伸，又将自然看作建筑的文化母体……明代计成《园冶》将'虽由人作，宛自天开'看作中国园林文化的最高审美理想，其实这也道出了中国建筑文化基于天人合一哲学思想的最高审美理想与境界。"①

　　因此，我们可以说既然天道自然主义思想是传统中国哲学的底色与根基，它会渗透到传统文化与思想的方方面面，那么这种自然主义思想的核心也自然成为中国建筑文化思想的内蕴灵魂，上述文字也点明了中国建筑文化是基于作为天道自然主义之核心命题——天人合一的理想境界，那么就让我们来稍作

---

① 王振复. 中国建筑文化历程，P4.

具体地谈谈"天人合一"所关涉的一些思想原则或模式如何运用在传统建筑文化之中。

第一节 天人合生

生命、生长、生产都是"生"的普通含义，对于中国古人来说也都是自然界与人类社会每日发生、存在的事物现象，以至于常常日用而不觉。一旦他们有意识地、长期地仰观天象、俯察地态，便迟早会惊叹于作为宇宙自然的整体性的"永生"——永久地富有生机地存在下去！正如上文提及的李约瑟所说的有关中国文化的关键词"秩序"、"模式"、"有机体"——从正面、正常的意义上说这种整体地、有机地（富有生机）永久存在自然而然地需要秩序、规律及其不同模式而和谐地持续（当然也包括古人希望自己在自然中的和谐安生以至于久生不死——无论是肉体还是精神灵魂），而由古人发现或制定而遵行的诸如阴阳五行、节气时令等多种模式也都是秩序、规律的具体内容，否则便是混乱、失序而至毁灭或转换成别的事物。

古人的这种整体有机的天人合生观念及其种种秩序、模式必然会在传统文化建筑中有所应用、体现。例如中国保存下来的最大祭坛建筑群北京天坛公园，建于明代永乐年间（祭祀天地的习俗源自远古，根据史料记载，最早可以追溯到距今约4000年前的夏朝），是明清两朝皇帝祭天祈谷的场所。所谓祭天祈谷便是尊崇、祈祷主宰天宇之神以保佑五谷丰产、国泰民富，从而使祈祷者达到长治久安、与天共生的理想愿望。

天坛是圜丘、祈谷两坛的总称，有坛墙两重，形成内外坛。坛墙南方北圆，象征天圆地方。圜丘坛祭天，而祈谷坛内的主建筑祈年殿事实上祭天又祭地，因人们祈求丰年不仅关系到天也关系到地。祈年殿中间有四根巨大的"龙井柱"（柱高约20米，直径超过一米），象征一年春夏秋冬四季；中层十二根大柱比龙井柱略细，名为金柱，象征一年的十二个月、外层十二根柱子叫檐柱，象征一天的十二个时辰；中外两层柱子共二十四根，象征二十四节气。

古代常见的宗祠，是宗庙建筑的一种。宗庙在古人的观念中极其崇高，是专供祭祀祖宗的建筑。祭祖为的是既尊崇祖先又与其亲近，以心聆听尊诲，以求得祖先在天之灵的荫庇福佑与精神支撑。另一方面，宗庙是国家政权的象征，强烈地显示了等级与秩序观念，尤其是对于皇族贵戚而言，失去宗庙便意味着失去国家政权。

"一阴一阳之谓道"（《易传》），"万物负阴而抱阳，冲气以为和"（《老子》）是天道自然主义之宇宙自然整体有机论的重要命题，而传统建筑聚落十分讲究阴阳学说的运用，其主要意图不外就是要求人造建筑及其所用必须符合筑造者眼中的自然法规，以便与自然天地那般长生久安。在这方面颇具代表性的建筑群当属北京紫禁城，它在表现阴阳五行学说的运用上可以有如下几点：首先，在宫殿布局上外朝为阳、内廷为阴：外朝建筑布局稀疏，多气势雄伟而体现刚阳雄健之美。其次，在数字上重视数目之奇偶：奇数为阳，外朝反复运用三、五、九等奇数；而在内廷则多用偶数，在宫庙数目与建筑开间甚至台阶的数目上皆斟酌考究。三是，宫城中有许多处"礼象五行"，乃是五行说在宫廷中的鲜明体现，充分展示了五行方位、色彩、生化过程相互间的关系。尤其是依照五行学说中相生相克的说法，皇家属"土"，于是在三大殿中多用红色墙壁和油漆展现"火生土"之则，但尽量少用绿色、也不种树植木，就是为了防止"木克土"（参见王驰《浅论中国古代哲学对音乐与建筑的影响》）。四是，阴阳五行学说在紫禁城的规划与设计中也得到充分的体现：东华门喻木、西华门喻金、午门喻火、玄武门喻水、三大殿喻中央土，其三层台阶为一巨大的"土"字，其字面南，与天子面南而坐的方向一致。天子居"土"上，居五行之中央，即喻"得土者得天下"之意；而内廷有两宫为乾清宫和坤宁宫，分别为皇帝与皇后所居，取名"乾清"、"坤宁"以配帝与后之性别、身份；两宫之间为交泰殿，喻指天地之气融会贯通，生育万物，物得大通故曰泰——乾清、坤宁、交泰，形象而典范地体现了天地交泰、阴阳和平、天人万物合生久安的吉祥和谐之喻义（参见徐猛《浅论中国古代建筑与古代哲学》）。

说到阴阳，便理当提及风水："阴阳"在《易传》中已属哲学范畴，究其更原始之意，似更关乎风水问题：旧曰"水南山北为阴、水北山南为阳"，可见"阴阳"是一地理方位用语，《诗经》有曰"既景乃冈，相其阴阳"之吟咏，明确记载了古人以原始晷景测日影以定方位的风水之术，而《汉书·晁错传》有云："相其阴阳之和，尝其水泉之味，审其土地之宜，观其草木之饶，然后营邑立城，制里割宅，正阡陌之界"便更加使得阴阳即风水之别名而确焉。而"堪舆"者，乃是风水术最为重要、流行之别称。

风水术的一个首要问题是古代建城、立村及建筑物的相地选址问题，即是后来风水理论的所谓"点穴"，其"点"得是否准是决定风水吉凶好坏与否的关键，若是选址所在处水源充足，地势较高不怕被淹且又不阻"龙脉"，那便是一块"风水宝地"。传统风水术也被称为"山水之术"，希求一种理想的仁山智水、与大自然"里仁为美"的住居生态环境，可谓环境生态学的古典范例，"摒弃其迷信成分，风水的基本思想就是要因时制宜和巧于因借，要求不违天而奉天时。因为在古人观念里人是宇宙产物，因而供人类活动生存的建筑也必须安排得与自然力及风水协调一致。大而建都立邑，小而立宅安坟，无不如此"（参见王路《从中国传统建筑看人对自然的有情观念》）。

最后一点，中国传统建筑是一种其用材直接取之于自然原态材料的"土木"筑造文化，直接与自然（材料）相亲共生，这一点我们在下文还要谈到。

第二节 天人合德

　　学者陈鼓应释"德"为"道所显现于物的功能；内在于万物的道，在一切事物中表现它的属性，亦即表现它的德；道落实到人生层面时（亦）称之为德。"儒、道两家对于如何践行人道而追随、符合自然天道的理解与做法有所不同，大体说来儒家更强调诚善之德，亦即依据天道正德而落实在人道层面上的伦理道德及其种种秩序规范；道家则始终宣倡应如天道那般自然无为（而无不为）之大德厚用——"上德不德，是以有德"（《老子·三十八章》）。我们这里主要来谈谈儒家的天人合德之观念应用在传统建筑中的一些重要体现。

　　在古代皇家宫殿乃至宫城建筑群落、宗庙建筑以及许多民居都呈组群和谐布局，讲究中正、对称、有序，主次分明。这既关乎伦理道德，也当然牵涉礼乐典制——"学礼而不知古人宫室之制，则其位次与夫升降出入，皆不可得而明，故宫室不可不考"（任启运《宫室考》）。

　　从考古发掘的距今三千多年的都城遗存——河南二里头早商宫殿台基遗址来看，就已渗透了讲究中轴对称分布的观念。对于宫廷或宗庙建筑的平面而言，其重要的主体建筑需要居中，其中心所在处便处于中轴线上，而两侧则会基本对称地安排其他附属建筑，即是说由于诸多次要建筑物的平面布局左右对称，最为重要的主建筑设置的中心总在一条纵向直线上。如此便令整个建筑群体与单体主建筑的中轴线强烈凸显（参见李媛《对中国古代建筑中"中和"之美的解读》）。

例如古代北京城建最为突出的成就是以宫城为中心的向心式格局和自永定门到钟楼长近八公里的城市中轴线，这条当时为体现伦理秩序与帝王礼制的中轴线使得北京城成为世界城建历史上的杰出典范——这条全世界最长的南北中轴线以其独有的雄伟气魄贯穿全城，前后起伏、左右对称的体型与空间建筑的分配规划，皆以此条中轴线为总体依据与范导。

再如山东曲阜文庙（孔庙），堪称中国古代庙堂的杰出代表，高居自古以来无数文庙建筑之榜首，是一座宏伟且条理清晰，平面布局和谐规整的古建筑群。与一般的宗庙有所不同，它既有普遍性的崇祖意义，又特别富于儒家所推重的仁爱礼乐与尊师重教之人文精神。整座曲阜孔庙的平面布局具有强烈的中轴对称特点，主要建筑排列在中轴线上，形成递进的重复院落，中轴两侧为左右对称的附属建筑，表现伦理秩序（参见苏晓毅《儒家文化对中国传统建筑和现代建筑的影响》）。

正如我们在本章的开头所提及的儒家伦理强调爱必兼爱，却应有等差亲疏那样，传统中国的社会秩序主要建立在一种家—国同构的血缘宗法制的社会基础上，并以"礼"来维持等差分明的社会秩序。近代学者王国维认为与这种家—国同构，礼制复繁却井然的宗法社会形态最为匹配的日常居所应该是所谓的"四阿之屋"，亦即四合院形制的庭院式宅建—于其中，有正屋、厢房之分，长辈住正屋侧室，晚辈则住厢房，厢房还有哥东弟西的昭穆之别，建筑空间的安排处处融入了伦理观念与秩序。如此的四阿之屋既可联系血缘亲情，又能分别亲疏尊卑，因而成为上至皇家府衙，下至普通百姓都乐意采用的一种空间建筑形态（参见汪洪澜《天人合一：中国传统建筑中的哲学》）。

但我们在较为典型的前庭后园式的传统庭院式建筑形态中明显感受到融合儒、道两家的天人合德（当然也关涉"合生"、"合美"）之设计思致：前庭（前部）是主题建筑，包括厅、堂、楼、馆等提供日常居住与社会交流，君子文人们执礼有节、心系修齐治平之典训与仁爱诚情；而后部的花园则是休憩闲适之所，那花园风景的迂回曲折令人抒发着道家式闲散逸乐之逍遥情怀——至德无德，无为即德。

上一节的结尾处已提及中国传统建筑乃是直接取材于自然原生材料的土木筑造文化。以土木构建的诸多益处不必繁言，仅举一例："墙倒屋不塌"是中国作为一个多地震国家的建筑奇迹，这其中的一个很大原因是木构架中榫卯结构的运用，使得木构架在抵抗多种自然灾害中保持了整体框架不散，是故"屋不塌"在形式上维护了天人相合之大局，又大大减低了灾害程度，为民造福，自然是积德。

诚然，古人以自己的聪明才智取用天然材料造房建舍，直接与自然（材料）亲和共处——"中国建筑的'亲地'与'恋木'，说明他对东方大地真正的血肉相连的依赖，塑造了令人深为感动的东方大地文化之情、理交融的品格"（王振复语），这也正是古人（不限儒道两家）以其自身之道追随自然天道的德能彰显，亦即天人合德。

第三节 天人合美

通俗地说，美可以是事物在肯定（若是否定，那也是为着导向肯定）意义上的感性或感悟性呈现，这种呈现方式可以多种多样：隐现或显现、被动感受或主动联想，以及形式上的形象或弱形象，甚至象外之象、超象之象……而种类上亦有艺术美、自然美、社会美、心灵美、科学美或宗教美、超越之美、象征之美等不一而足，本文不拟于此讨论这些美（与美感）的分类标准与性质特征，只是作为下文将要论说传统建筑之美的一些背景概念而略作交代。

按说，由古人创造的多种传统建筑典范无其不美，其给予欣赏者丰富多彩的多种类与多层次的审美感受与领悟，或多或少，或直接或间接地都会与以上所列举的各类美与美感之范畴相关联或直接挂钩，但我们这里所谈的传统建筑之美主要还是关涉儒、道两家追随天道自然，且符合各自人道价值的理想之美在传统文化建筑中的具体呈现，亦即"天人合生"、"天人合德"之观念在传统建筑中的感性形象落实。

先来说说儒家的"大"之美：我们在前已经引过孔子颂赞圣王尧之言："大哉尧之为君也！巍巍乎！唯天为大，唯尧则之……，"而孟子《孟子·尽心下》有曰："充实之谓美，充实而有光辉之谓大，大而化之之谓圣，圣而不可知之之谓神……"。孔、孟两人对"大"的说法不尽相同，叶朗先生认为：在美之上，孟子又列出了"大"和"圣"（"神"）两个等级。"大"、"圣"这两个范畴的内涵加在一起，大致相当于孔子说的"大"，亦即孟子把孔子的"大"区分为"大"和"圣"两个等级。他又引朱熹《孟子集注》中所说："程子曰：'圣不可知，谓圣之至妙，人所不能测。非圣人之上，又有一等神人也'"来说明"圣"与"神"之相通与类似[①]。总的来说"大"的含义已关涉道德之伟大崇高、审美之光辉雄浑以及宗教或准宗教之神圣，把圣王伟大的能量与道德之美，神不可测的精神化育之圣比照日月之明焕、山川之壮阔、天道之神圣，这正是天人同构、天人合美之意。

另外，在儒家所推重之《易·系辞下》谈到圣人观象制器时说道："上古穴居而野处，后世圣人易之以宫室，上栋下宇，以待风雨，盖取诸大壮"，"大壮"卦的卦象为雷在天上轰鸣，龙在天空升腾，其势大且壮也。这是古人借"大壮"一语以喻建筑的精神气质，也蕴含着古人对于建筑历程的审美体验，从中得到了诸如惊惧与敬畏、雄阔与威壮、伟大与神圣等审美之感与悟。

---

① 叶朗. 中国美术史大纲. 上海人民出版社，1985. P61.

总之，作为具有伟大、光耀而神圣气象之内蕴的"大"，是颇具中国特色的儒家审美感悟语汇，许多宫廷、宗庙、祭坛建筑甚至帝王陵墓都会被按照如此之"大"的风格来设计建造，这些建筑物之大，并不是以单体体量庞大著称，却是以组群建筑配及美好肃穆之生态环境而在整体上呈显其大、其伟乃至其圣。颇为著名的典范代表当数我们已然提及的明代建造的我国现存最大祭坛建筑群——北京天坛，以及紫禁城建筑组群。

我们可以从整体意境与造型布局上来理解天坛之伟大神圣气象的美学展示：对比一下紫禁城建筑组群的皇家宫殿，首先可以看出这两组建筑群落虽同属天人合一、君权神（天道）授思想体系而各自有所不同侧重的一些特色。首先，故宫太和殿之"太和"是指宇宙（当然包括人间统治秩序）是一个和谐整体，但实际上太和殿主要是突出帝王至尊，所以在构思布局上故宫是"以虚托实"，一切引向太和殿，殿前几万平方米的开阔庭院是为托显出太和殿的建筑实体在所视空间中的呈现；而天坛的设计构想则是"以实导虚"，一切导向浑茫太虚，颇具象外之象的无垠意境，可以说是故宫构思的升华，所突出的是皇天上帝之主宰神性，是故天坛较之故宫境界更高，也更能彰显天道自然的宇宙整体和谐之美感（感受、感悟）特征，其妙处正在于以有限的建筑实体唤起对于无限的想象与遐思。

其次，故宫是以建筑群体的宏伟气势与金碧辉煌而夺目取胜，颇似国画中严谨不苟的工笔画；而相比之下天坛建筑体量较小，数量亦少却精，而以"高、圆、清"的构型手法与象征方式（例如"清"，《黄帝内经》曰："清阳为天，浊阴为地。"，《淮南子·天文篇》曰："清阳者薄靡而为天，重浊者凝滞而为地。"），以凝练的形式表现深邃辽远的精神内涵，颇似国画中的写意山水，简淡清远。

再次，故宫建筑多用方形，庄重森严，色彩以黄红为主，富丽堂皇，空间兼有开闭，但大多封闭；天坛建筑则多取圆形（为祭圣天之圆，当然需配大地之方），周而复始、祥和清朗，色彩以蓝、绿为主，宁静平和、素雅简远，空间甚为开阔，吐纳无尽。

最后，从生态环境的角度来说，当人们从西门进入天坛，面前就是一条两百米的漫长甬道，从夹道的茂密柏树间播放着古代祭天的《中和韶乐》，曲调清圆自然、柔和舒缓，令园内气氛愈显祥和宁静。由于大面积种植经冬不凋的郁郁苍柏，使人不论在什么季节一进天坛便觉生意盎然——圣天行健、大地生机，着实体现了天地化生万物，天人共生合美的神妙意境。

（参阅杨辛《天坛审美》）

再来谈一谈"中和"之美：

朱熹在《四书·中庸章句集注》中提供了下面两段话：

子程子曰："不偏之谓中，不易之谓庸。中者，天下之正道，庸者，天下之定理。""……中也者，天下之大本也，和也者，天下之达道也。致中和，天地位焉，万物育焉。"合而观之，中、中庸、中和差不多说得是同一个意思："中"，不偏不倚，无过无不及之意；"中庸"，即意无过无不及的中正之道，是一条天下不变的定理；而"中和"则是说中庸之道的原理以及从道而行的正确状态或结果。儒家提倡"礼别异，乐同和"，"中和"当然是儒家礼乐文化的重要原则，而中和之美也就是礼制乐艺所展现的恰当、和谐的可悦之美，虽说这种乐的和谐需以礼的秩序为规限；而在礼乐之上的，当然是那与中和原则径直匹配或遥相呼应的仁爱伦理精神及其所依据的自然天道。《论语》中的两句话很好地说明了上述精神："人而不仁如礼何？人而不仁，如乐何？（《论语·八佾》）"；"礼之用，和为贵，先王之道斯为美"（《论语·学而》）。

让我们来看一看古代建筑所体现的"中和"之美：需知，由天道自然、和谐仁爱统辖之下的无过无不及的中正之道是中和之美的精神本源，而中和之美可有多种向度与不同内容的具体表现，如阴阳相和、刚柔相济、虚实相参的运用原则以及等级、对称布局等秩序规范，这种种原则、规范都是为着撷取无过无不及、恰如其分的和谐之果。

正如前文有所提及，清代任启运曰："学礼而不知古人宫室之制，则其位次于夫升降出入皆不可得而明，故宫室不可不考，"建筑常常被作为礼制而明确地列入各朝代的"仪礼"、"典礼"之中，而传统建筑在形体结构上必须以"适形"——适中的尺度为美亦为用，以与人的审美欣赏心理与居用的生理需求相协，所谓"室大则多阴，台高则多阳；多阴则蹶，多阳则痿，此阴阳不适之患也"(《吕氏春秋》)，"室大，众与人处则哗，少与人处则悲，愿公之适……"(《淮南子》)。但古代建筑对于适形和谐之美的追求须以等级秩序的划分为前提，而等级制对于建筑形制、大小、用色等规定也以和谐为目的，如此使得中国传统建筑既能发挥明贵贱、别尊卑的功能，又可调和不同阶层的实际要求。

这里需要再一次提及作为明清两朝二十四位皇帝执政御居的皇家宫殿——故宫紫禁城，它是汉族古典宫廷建筑的杰出代表，也是多方面体现中和之美的建筑典范，它是"历史上第一个真正较多地遵照《周礼》营建都城和大内的实例"(于倬云语)。对于其中正规整的整体规划如贯通皇城的南北中轴线及左右对称布局的中和之美，以及贯穿、渗透在其宫、其殿与其部分建筑关系之间所体现的和阴阳、济刚柔、参虚实等中庸和谐之美，我们已在前述两节中分别给予了或略或详的相关论及。

同时，在故宫的后宫内廷中，前半部的建筑形象颇为庄严壮丽，而后半部则相对灵动，富于生活气息：御花园内松柏参天，花木相间。园内的万春亭及千秋亭、浮碧亭与澄瑞亭，两对亭子造型佳好，既有南方建筑的巧致，又具北方之阳刚，可谓和韵宜人。另外，色彩方面如坐落在紫禁城对角线中心的太和殿之金色琉璃与白色雕栏、朱红宫墙与暗绿点金的壁画皆是相得益彰；宫墙的云纹，屋角的飞檐，宫殿的浮雕云龙纹富有节奏地重复，呈现出一种适度的韵律之美。

建筑当然是一种人造产物，但古代中国人大都直接或间接地把人为的建筑看作是宇宙自然的有机组成部分，而建筑的门窗、楼阁、亭榭等以及它们相互穿插、组合而形成的建筑之美既是人工美、艺术美，又应该仿佛是一种自然之美。计成所谓"虽由人作，宛自天开"虽然是论造园之境，却也应当理解为对于中国古建整体风格的精辟概括。具体到古代城邑建筑便是强调要赋予"象法自然、体象天地"的整体风貌，儒家所强调的中和之美，与道家的自然之美便自然而然地于此合流。

中和美的建筑思想要求建筑之美的创造必须恰切地符合、遵循人所发现、所理解的自然规律、规则：从周秦到明清的城邑规划与宫廷建筑大都强调"象天法地"的崇天精神，依循"观象制器"的造物传统。《易传·系辞上》曰："以制器者，尚其象"即是按天地的形象来制作器具与筑造房屋及其他建筑。这里就不必再赘述所见的北京天坛组群建筑中其整体形制与分部细处之体象天地、象法自然的那些例子了。在古籍《长安志》里甚至记载了对于秦始皇陵建筑的描述："以水银为百川江河大海，机相灌输，上具天文，下具地理……树草木以象山"以及"表南山之巅以为阙"、"以象天极"等，皆有这种建筑之象法天地自然、建筑融入自然、与自然融合一体的文化自觉。而班固《两都赋》之颂词确凿体现了汉代两都建筑法天象地的人文情怀，其与中国古哲之人与自然相谐和美的思想精神密切相关："其宫室也，体象乎天地，经纬乎阴阳，据坤灵之正位，仿太紫之圆方……"（参见李媛《对中国古代建筑中"中和"之美的解读》）。

按照此前的论述分析，无疑，道家尊崇自然天道，效法自然无为，赞至德而不颂善德，求大美而彰素朴、野趣，回归自然与天和合，倡至乐无乐而无其不乐——乐何？乐合自然天道矣。

我们这里就来谈谈传统建筑中最能体现道家返璞归真、回归自然的审美境界，从而进入"天和"、"天乐"（《庄子·天道》）至境的园林建筑之美。

中国古典园林建筑是一门综合艺术，有着很长的发展历史，其美学上的最大特点便是重视意境的创构——园林之美不是一座孤立建筑的美，而是艺术意境美的创造，以体现其"境生于象外"，追求"象外之象"、"景外之景"，于有限之中见出无限……这些正是老子之"有、无；虚、实"、庄子之"象罔"哲思的巧妙展现："中国园林建筑更是注重布置空间、处理空间，这些都说明以虚带实，以实带虚，虚中有实，实中有虚，虚实结合……"（宗白华语）；而"庄子通过'象罔得玄珠'的寓言，用老子'有'、'无'、'虚'、'实'的思想对《系辞传》'立象以尽意'的命题做了修正，强调只有有形和无形相结合的形象（'象罔'）才能表现宇宙的真理（'道'）"

（叶朗语）。

由是之故，造园家们便采取虚实相和相生的手法，以及"无论是借景、对景，还是隔景、分景，都是通过布置空间、组合空间、创造空间、扩大空间的种种手法，丰富美的感受，创造了艺术意境。中国园林艺术在这方面有特殊的表现，它是理解中国民族的美感特点的一个重要领域"[1]。另外，造园者为了取得造境、生境的效果，不仅重视实景，且非常重视声（风声、水声、虫声、鸟声），影（花影、树影、云影、月影）、光、香等虚景，以求得景外之象，景外之景的意境美，亦即庄子"象罔"之谓。

追求意境美的创构是古典园林设计美学的核心原则，那么，园林中的窗、楼、亭、阁等具体建筑，都是为了使居游者可以俯仰，可以远望，丰富游览者对于空间的美的感受与怀想。

西方教堂中的那些镶嵌着彩玻璃的窗子，不是为了使人接触外面的自然界，却是为着渲染教堂内部的神秘气氛，而中国古典园林建筑中的窗户恰是为着使人接触融通外界的大自然。出自计成《园冶》中的"窗户虚邻"一语，便意味着通过窗户之"虚"，毗邻无限空间，越向广大自然，原句为："轩楹高爽，窗户虚邻；纳千顷之汪洋，收四时之烂漫。"

---

[1] 宗白华. 美学散步. 上海. 1981：P56-57.

再有关于楼的句子："赖有高楼能聚远，一时收拾与闲人"（苏轼）；"山色湖光共一楼"（颐和园匾额）；"楼观沧海日，门对浙江潮"（宋之问）。

关于亭的句子："惟有此亭无一物，坐观万景得天全"（苏轼《涵虚亭》）；"江山无限景，齐聚一亭中"（张宣）；"空亭翼然，吐纳云气"（戴醇士）。

我们由以上的句子可思可味，那些楼、台、亭、阁的审美价值并非是在建筑物本身，却是在于使人通过有限的建筑实物而突破有限迈向无限，对整个宇宙与人生产生出富有哲理的超然感悟——感悟什么呢？本文一再提及中国古代审美理论特别强调感悟之"悟"，这在道家看来应是最终悟道、体道，即悟自然无为之宇宙天道——它通过感受欣赏审美对象的自然、素朴之美而得其乐，亦是忘我的交融相合（所谓'非唯我爱竹石，即竹石亦爱我也'，郑板桥语），而后再逆源而上，逍遥心游，直到最后"游心于物之初"，其"所呈现的是审美中心灵达于极致的自由的释放，此心超越感官，超越世俗，无碍无挂，却又容天地万象之物，将心灵安顿于'物之初'的虚无之中……以'物之初'的境界为美，以'游心'的体验为审美，以'得至美而游乎至乐'为美的极致，这就是道家的审美理想"（参见杨黎《"游心"与道家的审美》）。

在审美感悟的意义上，我们可以说一座"平淡疏野、优雅自然"（曹林娣语）的古典园林就是道家心目中整个宇宙自然的微缩景观，试看其中一亭：明显的人工造物，一旁的花木竹石、鸟语水淙，则代表自然诸物，加之人（可以是一位道士）若坐憩亭中，岂不就是人与自然和谐相融，天人合一么？你若是欣赏如此一幅活态生机的画卷，岂不就是天人合美么？若你就是坐亭憩乐的那个道士，岂不就是天人合乐么？至此，笔者依然还想谈说些什么，可思路已完全被计成的那句话堵住了："虽由人作，宛自天开。"

第四章 新自然主义之「新」

首先需要明确的是：这里所谈论的新自然主义，并非纯是理论意义的于古典自然主义思想基础之上的新哲学建构，而是相对狭义地在建筑装饰设计领域中我们所提倡的新自然主义中式设计理念，虽说这种思想理念仍是以中国古代天道自然主义哲学思想（天人合一是其核心命题）为其内在神髓，并在新时代的天光照耀与环境影响下所绽放出的生态建筑设计艺术的观念之花。

第一节 时代生命之新

谈说过去是为着面对当下，面向未来。"每一时代对前人思想的研究，实际上更多的是在各自的时代背景下发掘和发现他的内在文化内涵及其之与现实社会的意义。某一思想之所以得以传承，就在于它的文化底蕴以及由此而来的时代创发性。"①

我们认为：相对于古典自然主义文化思想，新自然主义之"新"首先体现在生命之新、时代之新——方东美先生在《中国形上学之宇宙与人》中指出："《周易》主张万有含生论之新自然观，视全自然界为宇宙生命之洪流所弥漫贯注。自然本身即是大生机，其蓬勃生气，盎然充满，创造前进，生生不已。"汤之《盘铭》曰："苟日新，日日新，又日新"；《诗》曰："周虽旧邦，其命维新。"以上所引两句出自儒家名篇《大学》，其

---

① 杨英姿. 张载"天人合一"思想的生态伦理意蕴. 兰州学刊，2006（6）.

精神实质当与名典《周易》之"天行健,君子以自强不息"相通互契,无非还是"推天道以明人事,"激励仁人君子效仿自然天道生生不息、新新不止!当然此"新"并不意味着只在形式花样上的一味求新,却是指精神上的澡雪而图新,其生命之元气酣畅、鲜活淋漓之意明矣。

自根源上说,生与新,或新时代的生命之新,实在是天道自然依其性所本而行,君子修为效仿之——此意恰是天人合一的古典命题已然蕴涵,我们不过是在阐释的意义上愈加显明与强调,以求"时代创发性"罢了。

第二节 观念有所更新

其次,相对于古典自然主义思想文化,自然主义之"新"体现在理论、观念上的有所更新、发展,亦即推陈出新、吸纳化新。

每个时代都面临着一些重大问题,"在今天,当环境污染、生态危机警示我们人类的技术力量、行为方式乃至思维方式、思想观念足以毁灭整个自然生态系统之时,也正是道德应该介入之时,这时'天人合一'思想中本来就内含的对人与自然之间关系的观照就无法不成为我们的解读内容了,"[①]诚哉斯

---

① 杨英姿. 张载"天人合一"思想的生态伦理意蕴. 兰州学刊,2006(6).

言!正如某学者所指出:中国传统文化是一种古典形态的生态文化,这种生态文化是中国的原生性文化,而西方的原生性文化是一种有别于中国的商业与海洋的科技文化,生态文化是西方的后生性文化;而如今的生态文明时代是一种相异于工业文明的后工业文明时代,如果说在工业化时代西方的近现代理性主义居于主导地位,中国传统的"天人合一"之思被讥为"非逻辑的混沌哲学"而加以轻视与排斥的话,那么在后现代的生态文明新时代,"天人合一"的生态文化反而会有其重要的地位与作用。然而,正是这位学者同时指出:西方国家对于生态环境问题的关注要早于中国三十多年,1972年6月斯德哥尔摩国际环境会议就表明了发达国家已在经济发展上进入了生态文明新时代,而中国直到2007年才宣布进入生态文明时代。中国作为发展中国家也只有在工业化深入之后才能真正地深刻反思生态环境问题(西方发达国家在两百年中产生的环污问题在中国短短的三十年中发生,问题空前严重,而直到目前这个工业现代化于中国尚处中期,仍未完成)因而西方发达国家在生态环境的系统化理论探讨上早于中国,其生态哲学、生态伦理学、建筑生态学、生态批评与环境美学发展得都早于中国,许多系统化的学理表达当值得借鉴(参见曾繁仁《中西对话中的生态美学》导论部分)。

诺贝尔奖得主普里高津认为:现代科学正在带领我们走向新的自然主义,"这个新的自然主义将把西方的传统带着对实验的强调和定量的表述，与以自发的自组织世界的观点为中心的中国传统结合起来。"而许多西方环境哲学家们对从中国传统思想中挖掘资源颇感兴趣，如深层生态学家奈斯（A.Naess）明确表示他的哲学体系中最重要的"自我实现"原则所说的"大我"就是中国人所说的"道"。科利考特（J.B.Collicott）把道家思想称为"传统的东亚深层生态学。"（参见蒋劲松《"天人合一"的生态意义究竟何在》）。笔者在此引述西方学者对中国天道自然主义思想的欣赏与取用固然是为着首肯传统思想在当今甚至未来的重要价值，但与此同时不能不提醒读者也包括自己在内——面对时代生活，古代传统思想中存在着许多尚待更新、转化、补充等欠缺与不妥之处，否则普里高津们便会对中国思想照单全用而不必强调要西、中结合了，虽说笔者未必完全认同他们的具体结合方式，却赞同这种继承开放、吸纳更新的思想姿态与总体方略。

不论是否情愿，摆在当下的明确事实是现代的生活节奏相对加快，现代文明的大众群体要求平等自由，生活简洁明快，多元化享受文明成果，相对地舒适随意，亦需减少环境污染以提高健康水平等。面对这些可以说是基本合理的普遍诉求（当然，在某些深思者看来以上的诉求并非全然合理，有些甚至颇不合理，这已牵涉到一些很是复杂的思想课题，笔者于此不拟展开，只是强调首先需要直面现实，适应现实，然后有计划、有步骤地调整、改变——无论是自身的被改变抑或有效地改变环境，以使生活更趋合理化发展持续），传统思想理论中的某些观念已显得不合时宜（比如严格森然的等级观念、冗繁僵化的部分礼制及男尊女卑等），而与之相应的某些建筑形式与功能亦需改变或调整，同时有所选择地广泛汲取国外优秀观念的思想营养，比如生态哲学、环境美学等大的方面，以及相对具体的建筑文化理论如欧美简约主义、负建筑理论（日本畏研吾）等，再与古典文化中的丰富资源相融合（例如中国古代的"简约"哲思——《老子·二十二章》："少则得，多则惑"；儒家《乐记·乐论篇》："大乐必易，大礼必简"等），从而推陈出新，吸纳化新！

第三节 作品手法之新

从设计艺术的角度来说，新的观念思想当需落实于新的表现手法，无论是古典自然主义还是新自然主义，其重点都是在强调自然、聚焦于自然（当然我们已然领教过中文"自然"一词的丰富内涵，并不局限于大自然或任何自然事物）。我们于此需要明确地指出：新自然主义中式设计表现手法的主导原则便是——让自然在室内生长，处处自然[①]；让自然走入室内，步步自然。室内外活气生命、周流无碍，有机生态与天道自然融

---

① 此处的"处处自然"当然不是指"让自然在室内生长"中的自然生物（比如植物）或自然景观（比如流水），而是指人的舒适惬意、自由自在的居处状态。

第四章 新自然主义之「新」

贯合一。

这也可以说是"天人合一"的经典命题在时代建筑中的新阐释，笔者不惮于谑改计成名句"虽由人作，宛自天开"——虽由人作，即自天开……

按照以上的创新原则，我们可以有许多具体的表现手法来让室内生机勃勃、栩栩如生地"生长"出自然景致，自然而然地享受、感悟这般怡人和乐的天人境界，比如运用视错觉原理而使地面成为原野或湖面、地面墙面不间断地连立远山或林莽、雪原；或利用高科技手法灵妙地营构天然梦境并能随意置换画面，甚至通过虽不合常规却并非违反科学原理地增减空间并巧妙安排自然原生物"入住"室内且又沟通内外……凡此种种不一而足，慧心的读者亦可依循这些表现手法变奏出更加清新自然的新旋律！

最后，就让林语堂先生的一句话来结束全文："最好的建筑是这样的，我们深处在其中，却不知道自然在哪里终了，艺术在哪里开始。"

[第五章] 案例欣赏及附文

依现代阐释-接受美学的观点：作品一旦问世，它就不再仅仅属于艺术家所有，甚至不能算是真正意义上的完成，尚需读者与观众的参与理解与评论，以填补作品的"召唤结构"；亦即艺术品的欣赏过程，便是观众或读者对作品符号内涵的不同方式破译与潜在形象的创造性建构过程，是艺术作品得以实现价值、最后得以相对完成的终端环节。因而我们在此案例欣赏部分基本不立解说文字，使读者不受笔者"先入之见"的影响，从而自由、自然地在直观中感受作品的"新"意与"活"气，甚至期盼作品的不定意蕴成为点燃读者自身灵思妙想的催生契机……。

安徽华能集团办公空间设计

入口形象墙 | 企业前厅
企业前台

天佑唐人"理论与作品"系列之（一）
中式设计：走向新自然主义之道

安徽华能集团办公空间设计
走道及端景 | 董事长办公室
综合会议室

车质尚 [豪车改装新中式设计方案]

双人座（正） | 双人座（反）
侧开门正视

天佑唐人"理论与作品"系列之（一）
中式设计：走向新自然主义之道

车质尚［豪车改装新中式设计方案］

双人座（正）｜双人座（反）
｜侧开门正视

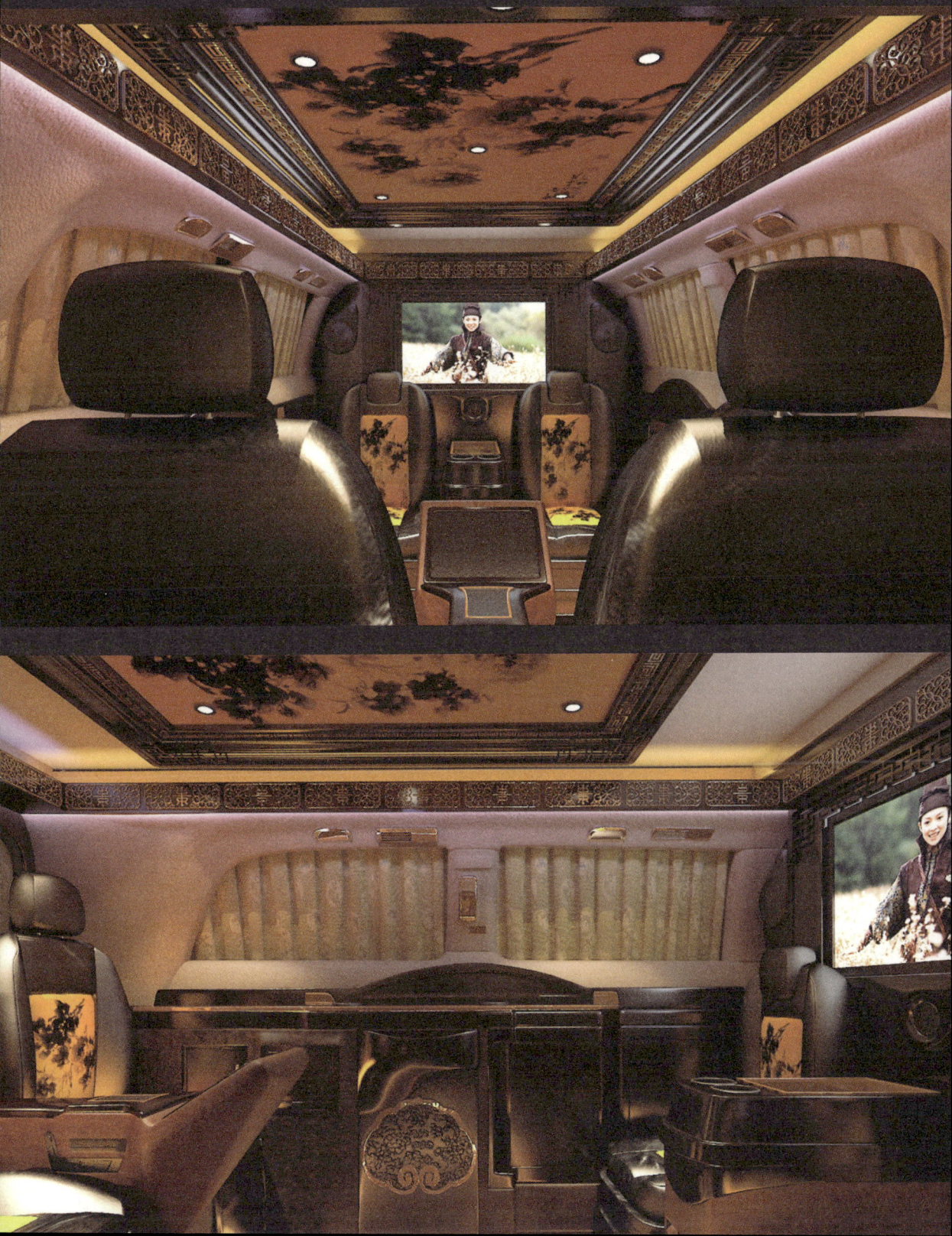

繁星戏曲村艺术鉴赏区

鉴赏区整体 | 鉴赏区正视
接待区正视

新中式风格酒店设计案例

多功能大厅	滴水茶坊
	酒店大堂

天佑唐人"理论与作品"系列之（一）
中式设计：走向新自然主义之道

新中式风格酒店设计案例

中餐厅角度一 | 中餐厅角度二
             | 中餐厅过道

宴会包间一
宴会包间二

标准间角度一
标准间角度二

天佑唐人"理论与作品"系列之（一）
中式设计：走向新自然主义之道

豪华套房一
豪华套房二

第五章 案例欣赏及附文

豪华套房三
豪华套房四

禅意套房一
禅意套房二

第五章 案例欣赏及附文

禅意套房四

禅房一
禅房二

禅房三
禅房四

天佑唐人"理论与作品"系列之（一）
中式设计：走向新自然主义之道

湖北荆门私人会所全案设计

建筑及园林 | 整体规划方案
         | 主体建筑方案

第五章 案例欣赏及附文

大堂设计方案
餐厅设计方案

含客厅方案
起居室方案

二楼门厅方案

第五章 案例欣赏及附文

二楼过道

二楼过厅

天佑唐人"理论与作品"系列之（一）
中式设计：走向新自然主义之道

二楼会客厅
二楼主卧厅

主卧室方案
老人房方案

客房设计方案
书院设计方案
主卫生间设计

书院设计方案

接待厅
接课堂

书画室

"泮池"

"泮池"

阅读区

书院设计方案 | 膳食包间一 / 膳食包间全景

书院设计方案　膳食包间二
膳食包间全景

膳食包间三
膳食包间全景

办公室
会议室

学员宿舍
学员宿舍

吴中地产[太湖山庄]样板间

规划设计方案

中堂|起居室

餐厅设计方案
多功能厅方案

SPA区设计

茶室设计

SPA区设计方案

健身娱乐室方案

影音室方案

客房设计方案

天佑唐人 "理论与作品" 系列之（一）
中式设计：走向新自然主义之道

吴中地产［太湖山庄］样板间

主卧室方案 ｜ 老人房方案
｜ 卫生间

第五章　案例欣赏及附文

天佑唐人"理论与作品"系列之（一）
中式设计：走向新自然主义之道

正源灯饰［新古典系体验厅］

豪华系列 | 豪华系列体验
       | 山水营造区

第五章 案例欣赏及附文

天佑唐人"理论与作品"系列之（一）
中式设计：走向新自然主义之道

正源灯饰［新古典系体验厅］

新中式系 ｜ 新中式体验
｜ 山水营造区

天佑唐人"理论与作品"系列之（一）
中式设计：走向新自然主义之道

郑州[道厚轩]茶会所设计

接待大厅	接待大厅
接待大厅	豪华套间

天佑唐人"理论与作品"系列之（一）
中式设计：走向新自然主义之道

郑州[道厚轩]茶会所设计

豪华套间 | 二楼过道
       | 二楼玄关

第五章 案例欣赏及附文

豪华套间二

豪华套间三

天佑唐人"理论与作品"系列之(一)
中式设计:走向新自然主义之道

标准包间方案

顶层苏式花园

正源新中式灯饰

墨竹系列 / 疏影吊灯
疏影吊灯

正源新中式灯饰

疏影吊灯 | 墨竹系列
           | 疏影吊灯

第五章 案例欣赏及附文

天佑唐人"理论与作品"系列之（一）
中式设计：走向新自然主义之道

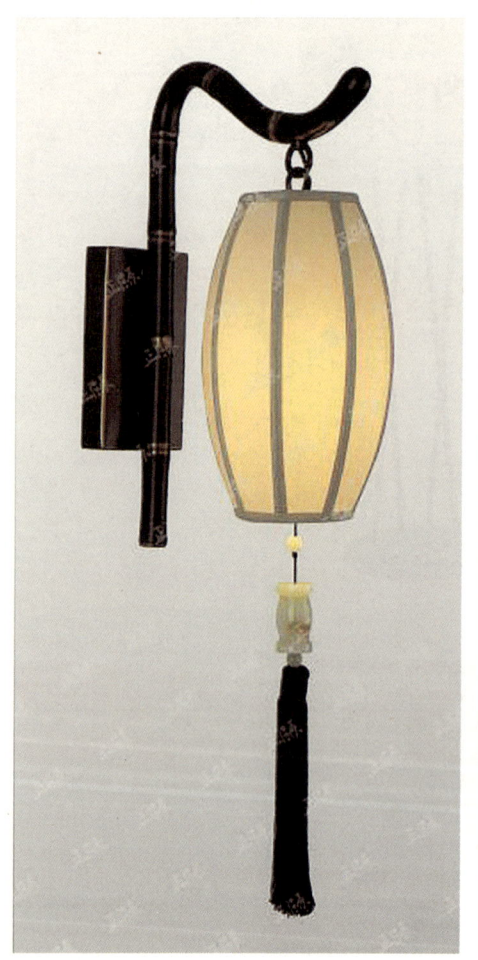 

正源新中式灯饰

空竹灯笼 ┊ 屋檐灯笼

第五章 案例欣赏及附文

正源新中式灯饰

疏影吊灯 ┊ 疏影壁灯

谈竹论道

张　涛

　　我们知道，历史是发展的、迂回的。远里看，中国老子和其精神典籍《道德经》早已走向世界、影响世界。现实看，作为一个节点，2008奥运会，则标志着中华文明再次走向世界。

　　奥运会之后，中国民众的民族自信心空前高涨，中华文化再次繁荣兴盛，全国各地都兴起了传统文化热。就全国范围看，各种国学馆、国艺社、读书会、民间书院、中式会所、养生会馆、古玩协会、民间博物馆及拍卖会等顺势而生。传统建筑、中式设计也越来越多。甚至是家庭装修，具有中国文化传统韵味的中式风格，也已占据了半壁江山，西式风格不再受到大众和高端会所的欢迎。

　　仓廪足，知礼节。现代的知识分子、中产阶级和新贵阶层，对传统文化生活的需求来越多，越来越高，一种全方位的中式生活方式在社会上悄然形成。从社交活动的会所，到养生生活的方式，从日常的中式服装到家庭的室内配饰，在物质层面，传统文化素材的运用和装饰都已经非常普遍。但是，传统文化居于人们精神层面的东西还不太丰富，大多数的民众，其内在的传统文化的素养和修为还是非常欠缺的。简而言之：物质丰富、缺少灵魂。

三十多年的经济大潮，在物质高度发展的同时，也有其社会腐烂现象普遍、公众道德滑坡等负面影响。作为一种对之逆反的"集体心态"的表现，社会各阶层对古典文化与道德重建的呼声越来越高，异常迫切。

在我看来，中国传统文化中的经典部分，即其质朴的社会伦理和道德，对现代经济社会和精神生态的建构，依然具有较强的现实性。正如《淮南子·氾论训》曰："观小节知大体，故论人之道，贵则观其所举，富则观其所施，穷所观其所不受，贱则观其所不为，贫则观其所不取。"这种做人处事的教养和修为，不仅彰显了"贫贱不能移、威武不能屈、富贵不能淫"等普世性的士子精神和君子之道，而且也是"现在进行时"的大丈夫的做人标准和行为准则。

作为一种文化象征和精神表象，中国文化以物寄情、以文言志的范例很多。如良禽择木而息，芳邻择孟氏为居等人文传统，均显示出古代文人、君子、士大夫们对生活环境的选择和要求。仅仅是古人厅堂雅室内悬挂的书法、绘画（现在叫中式配饰），大多也是"山水林泉"与"梅、兰、竹、菊"。他们承

"赋比兴"与"六义",借林泉花木之特性,赋予其人文精神和伦理品质,并以"君子比德",来表达自己的思想、品格、修为和价值追求及人生态度。

这里不妨以竹言志,以达谈竹论道、画竹寄情。

"竹"的精神品相和人文价值,从宋代大文豪苏东坡"宁肯食无肉、不可居无竹"之言,即可管窥全豹。

中国绘事中有关"竹子"的内容,是人们非常喜爱的重要题材之一。"竹"与"梅"、"兰"、"菊"并称四君子,是中国古人修行文人之品、追求君子之风的一种精神表现。

究其然,"竹子"的个性特征,在文化间性意义上,有着"高风亮节"、"萧散简远"、"古雅淡泊"的风格和品相。这不同于梅的"疏影横斜"、"凌寒暗香"、"凄清孤寒";兰的"寒谷幽香"、"隐逸清高"、"无人自芳";当然,也不同于菊的"傲

霜独立"、"风劲残香"和"清香淡雅"。换言之,种竹、养竹、写竹、画竹,是古时文人雅士及隐者,用以表现自我品格,抒发人生情怀,确立人格修为的精神写照。"竹",已被古人推崇备至、赋予其典型的人格象征意义和文化内涵,渐成一脉,成就了"竹文化"。以至于在中国绘画科目上,"竹"与"兰"并用,几近形成一个独立题材的画种。

自赵宋开始,中国绘画史上已经出现了大量描绘竹子的艺术作品。技法上,其双勾线描、工笔写意等早已面貌各异、风格多样。画竹的历代宗师和文人雅士不乏名人,如:文同(字:与可)、苏轼(字:东坡)、高克恭(回鹘人)、赵孟頫(字:子昂)、吴镇(字:仲圭)、倪瓒(字:元镇)、王绂(字:孟端)、夏昶(字:仲昭)、唐寅(字:伯虎)、郑燮(字:克柔、号:板桥)、李方膺(字虬仲)、汪士慎(字:近人)、罗聘(字遯夫)、石涛等等。

画竹的表现形式,自宋以后,基本上都是写意文人画为主。其风格和艺术主张是:贬斥"画工"类的狂肆、粗鄙、怪诞、庸俗和无所忌惮的过于放纵;传承文人的儒雅、清逸、和润、文质彬彬和温文尔雅。但无论怎样,则都是文人、士大夫阶层文化生活中的"游于艺"。如南宋邓椿在其《画继》中所言:画者,文之极也。"文人画"首先应该是文人,是要温文尔雅,作画如做人,是要注重画家的个人修养和文化品位,读万卷书、行万里路的修为……。

历代画竹的作品，其绘画所表现的画风，根据历史环境、人性修为、学识涵养等等，已经形成了多种的类型和风格：

芊芊细巧、柔弱形似小美女；

大气阳刚、豪迈如同大丈夫；

清风儒雅、文质彬彬比君子……

艺术是人的意识形态，艺术作品是人真性情的流露。人品如画品，字如其人、文如其人、画如其人。从艺术的创作可以观察出一个人的气质、修养、文采、思想意识和精神品格。人的绘画风格就是人格的自我体现。比如历代画竹的名人大家中，对后世影响极大的就是苏轼，虽作品存世极少，但就其《竹石图》便足以看出：画面古雅淡泊、构图萧散简远、画风傲风霆、阅古今。苏轼一生仕途坎坷，历经挫折和打击，却仍能将"儒家的中庸和乐天知命，道家的清静和知足不辱"的这种超脱之情、豁达之风，借文章与绘画表露无遗，他所阐发的

"物我两忘"、"天人合一"的思想理论和审美观，将抒发自我、完善人格的绘画艺术推向了新的高度，以至其大气、阳刚、豪迈、儒雅、画竹如人生的豁达风格，极大地影响了中国画的发展和走向。

蒙元之际，从岳麓书院数百书生慷慨战死，到崖山之战十万众生韬海自尽，那个时代既出现了"人生自古谁无死，留取丹心照汗青"文天祥，也出现了苟且仕元、内怀悲愤、尴尬余生的赵孟頫。作为画竹名家，从赵孟頫的传世作品来看：其画面谨慎含蓄、即藏又隐，怪石枯木之后隐现的黑竹短款，无不显示了其小心谨慎、凡事所依、不敢独创，只能复古的特性。这不仅是他的特殊身份在强权下的无奈之举，也和他所身受吴越地域的温顺之风的影响，是分不开的。赵孟頫画竹也是人生的写照，这是一种悲凉、无奈、谨慎、柔弱的风格。

至清朝，自称"四时不谢之兰，百节长青之竹，万古不败之石，千秋不变之人"的画竹高手"扬州八怪"代表人物郑板桥，仕政虽勤政廉洁、洞悉民间疾苦、加泽于民，自己一肩明月两袖清风，但官场险恶也只能书画寄情、托物言志，最终弃官为民。他历经人生坎坷、饱尝人间苦难、看透世态炎凉，虽"五斗何能折我腰"，但终究是借以"难得糊涂"来反讽。

进入现代社会，艺术思想的解放和进步，更加促使了竹子绘画的文化内涵和艺术风格多样性。但总体来说，画竹是托物喻志、借物抒情。所表达的，就是做人的刚直不阿、高风亮节的人格尊严。借竹传达画家自己真实的心情和价值观。但同时还必须看到，尽管孔子对艺术言志载道的功能作用，早在《论语.述而篇》中以"志于道，据于德，依于仁，游于艺"来界定，然画竹的文化价值和意义，由于受到传承惯性的影响，几乎没有跳出历史窠臼，多数仍停留在所谓清心、明志、养生、修性等"成教化、助人伦"的道德工具层面，极少达及"游于艺"的艺术境界。

比照现实，在当下地球村进程中，在自主选择面越来越宽的时代，人们之所以喜爱山水林泉、梅、兰、竹、菊，有着新的历史内涵。易言之，大众对绘画艺术的诉求，已非是一定要仰观"高大上"的圣品、亦非是要划时代的大作。在人与自然日益隔绝的城市化过程中，在物质丰裕化、货币化，而道德体系碎片化的社会生态中，先自精英、后及大众，人们需求的、喜爱的已是"亲和自然的"、"合乎天伦的"以及在此前提下"儒雅清逸的"、"喻志寄情的"东西。在浮躁焦虑的时代中，越来越多的觉悟者，开始尽量躲避喧闹的凡尘，营造中式生活的氛围，他们复建四合院、兴办中国书院、选择中式装修、购置古典家具、配饰传统字画、信奉中医养生。不仅如此，随着历史语境的变化，不少人开始"以旧为新"，常穿汉服、焚檀香、听古琴、诵诗歌……。传统文化在全球化背景下，以新的语义内涵和魅力，正在现代都市生活中兴盛起来。

也许这不能说是附庸风雅，而是在寻找精神净土和心灵安慰的同时，表达了一种乡愁文化及文化寻根。传统艺术虽已绵延千年，但在时代活水的浇灌下，从而历久弥新地滋润着人们的心灵，抚慰着人们的精神。也许，这就是现实力量对传统文化的再造吧。

虽然，现实存在着这样那样的辉格史观的诟病，但终究是"一切历史都是当代史"。因为，现实的力量不止于此，正如当下生活中的谎言、欺诈、威权、垄断、禁口等种种丑恶的"邪火"，如同哪里有黑暗哪里就有星光，民间正气从而再次催生了人们对蛰伏大地的"道义"、"天良"一样，现代生活的失衡与缺憾，正在召唤和重塑我们本性中的正能量——作为再构现实的资源——传统乃至那些为我们不断"拿来"的人类文明共有的文化遗产一样，正在被新的需要、新的思想、新的文化理念灌注其新的内涵和生气。而人们在现实生活中的"种竹、养竹、写竹、画竹"，也已不仅仅是为了单纯表达一种正直、清白、高风亮节的正义与刚直不阿的道德理想，而是更多地引自然于生境，寓大道于民生，以至喜竹、爱竹，庭院种竹、室内挂竹，都是"得其情、而尽其性"，以"君子之风"达"人天和合"生存间性理想化的感性象征。

具体到现实人生，虽然生活中会出现这样那样的无奈，依照对"竹"这种文化投射和高尚的反观与修为，就要坚持一种知行统一的人格和道器一源的人性尊严和神圣感，哪怕是牺牲私己之利甚至生命。这就是现代画竹所表达的一体两面的复合境界：志士不饮盗泉水，廉者不受嗟来食的高风亮节与刚直不阿，以及独立洒脱和自然亲和的超拔之气。如此，传统的竹文化，也就在当下以其特有的方式和形态，获具其价值意义的普世性。

　　放马畅想，"雅室何须大，花香不在多"，"宁可食无肉，不可居无竹"。一幅神采飘逸的书法、一幅清秀雅致的墨竹，就如同珠玉在侧、君子相伴，这至少可以远离庸俗、培养自身之浩然正气；同时，又可以修身养性，借竹寄情，清明雅居，以至可以夜窗伴读笔生香……。当然，这既是追寻"耕读天下"的乡土记忆与想象，也是抵抗物欲生活的现实理想与情怀。在这种超时空、复数化人生美学的感召熏陶下，生命当必正气弥足，风骨凌然，境界超拔，从而不断砥砺人类文明的进步、再进步……。

　　这不正是竹文化的当代精神和普世价值吗？

谦之张涛写于丙申初夏
于通州望海楼并记

第五章 案例欣赏及附文

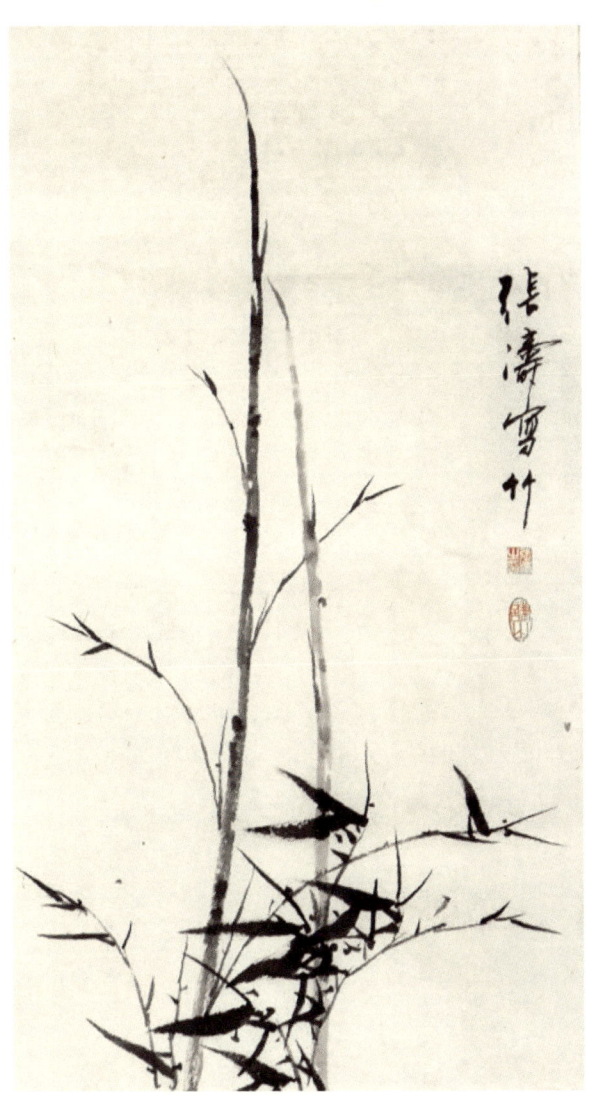

（文中插图国画，均由张涛先生所作）